不思

森林ボランティアの指導のもとでヒノキ間伐材を運び出す学生たち。2015年、大阪府能勢町にて

― セルフビルドの茶室から描く24の補助線

A Dialogue with Materials
― 24 Perspectives on Architecture Derived
from Self-built Tea Rooms

素材との対話

イントロダクション

旅人が、石切職人に問う。「何をしているのですか。」
その人は答える。
「見て分からないか。この忌々しい石を切っているのさ、食っていくためにね。」
また、旅人は別の職人に同じことを問う、「何をしているのですか」と。
「難しい仕事なんだ。でもコツがある。それを身につけて親方になるのが目標さ。」
その答えに、なるほどと思いながら、旅人は、さらに3人目の職人に同じことを問う。
すると、彼は空を見上げながら、こう答える。
「この石は、私たちの街の、人々の心の拠り所となる素晴らしい大聖堂の一部になるのです。そのときのことを心に浮かべながら仕事をしています。」

建築家は、建築が実現する現場に近いところにいて、その空間が存在する意味を考えることができる。それに比べると、生産地ではたらく石切職人たちは目の前の仕事で精一杯になり、切り出した石からつくられる空間への想像力をもつことは難しいかもしれない。はじめの2人の職人に、3人目のような視点を身につけてもらうためには、どうすればよいだろう。

これから実現する建築のドローイングや模型を見せ、全体像を理解してもらうのはどうか。あるいは、別の街にある大聖堂を案内して、その素晴らしさを説明してあげるのもいいだろう。しかしやはり最善の方法は、大聖堂の完成を待ち、自分の仕事によって実現した空間を自ら体験してもらうことではないだろうか。

建築を学ぶ学生たちも、実体験をもたないという意味において、はじめの2人の石切職人に似ている。だからもし、空間を構想し、実際にそれを自分でつくり、完成した空間を一度でも体験してもらうことができたら……そんな想いから、このプロジェクトは始まった。さらに、石材を選ぶときに必ず石切場まで足を運んだというミース・ファン・デル・ローエにならって、用いる素材の生産地を訪れ、石切職人、いや生産者に話を聞く機会を、必須のものとしたのである。

Introduction

The traveler asked a stonecutter, "What are you doing?"
So the cutter answered, "You can't tell just by looking? I'm cutting this vexing stone to make a living."
The traveler asked another stonecutter, "What are you doing?"
"It's hard work, but there's a knack to it. I aim to acquire these skills and become a master myself."
Agreeing with this response, the traveler asked a third cutter the same question.
Thereupon, the cutter looked up to the sky and responded, "This stone will be a part of a breathtaking cathedral that will be built in our town, which will be a place that people can rely on. I imagine this scene while I work."

Architects work in proximity to the sites where architecture is realized, and they are able to contemplate the meaning of the existence of that space. In comparison, stonecutters who work in production areas are absorbed in their tasks, making it challenging to envision the space that will be created from the stones. How can we enable the first two stonecutters to appreciate the perspective of the third cutter?

We could show them drawings and models of the architecture that will be built to help them understand the overall picture of the project. Alternatively, we can describe the splendor of an existing cathedral in another town. However, the most effective approach is to wait for the cathedral's completion and allow them to experience the space created as a result of their work.

Architecture students who lack practical experience are similar to the first two stonecutters in some ways. If we could help them conceive a space, actually create it by themselves, and have the opportunity to experience the completed space even once... This project started from such thoughts. Moreover, learning from Mies van der Rohe, who always visited stone quarries when choosing stones, we visited the production sites of the materials used, considering it essential to engage in conversations with the stonecutters, or rather, the producers.

目次 Contents

I コンテクストから着想へ From Context to Idea 11

01 サステナビリティ Sustainability
02 地域性 Regionality
03 物性 Physical Properties
04 リファレンス Reference
05 スタディ Study
06 気づき Realization
07 アプローチ Approach
08 材料 Material

ディスカッション Discussion 30
山田宮土理（構法・材料研究者）
Midori Yamada（Researcher on Construction Materials and Methods）

II 設計と制作のあいだ Between Design and Production 37

09 部材 Elements
10 インターフェース Human Interface
11 ソーシャルディスタンス Social Distance
12 スケール感 Feeling of Scale
13 施工手順 Construction Procedure
14 工程 Schedule
15 問題解決 Breakthrough
16 構造 Structure

ディスカッション Discussion 62
阿波野昌幸（構造家）
Masayuki Awano（Structural Engineer）

III ディテールがつくる現象　Phenomena Created through Details　69

17	開口部	Opening
18	接合	Joining
19	透過性	Transparency
20	光	Light
21	陰影	Shadow
22	たわみ	Deflection
23	佇まい	Figure
24	写真	Photography

ディスカッション　Discussion　90

母倉知樹(写真家)

Tomoki Hahakura (Photographer)

作品写真　Photos of the Works　97

間伐材　Thinned Timber

再生ダンボール　Recycled Cardboard

竹　Bamboo

紙管　Paper Tubes

葡萄蔓　Grapevines

ペットボトル　Plastic Bottles

テキスト　Text　121

垣田博之(建築家)　Hiroyuki Kakita (Architect)

コンペティションと制作の記録　127

Archives of the Competition and Production

この本の見方

2015年にはじまったセルフビルドの茶室は、毎年そのテーマとなる素材を変えながら、2022年までに6作品が実現した。これまでのプロジェクトを振り返るために、それぞれの制作者(すでに大学を卒業し、仕事をしている)が集まって、座談会が開かれたのだが、彼らが語るエピソードが、素材やそのデザインに固有の面白さや難しさをよく表していた一方で、その根底にどこか共通する問題意識がひそんでいることにも気づかされた。そこでこの本では、6作品一つひとつを丁寧に紹介し、ただ誠実に記録するのではなく、共通項として、建築という行為のなかにある本質的なテーマを抽出して見せることにした。つまり「見方=補助線」を提示している。掲載した図版のほとんどは、制作者自らによるプレゼンテーションではなく、第三者によって描き出され、その表現手法も各々のテーマを伝えるために考案されたものである。

How to read this book

The self-built tea room project has realized six works since its initiation in 2015 through 2022, featuring different materials each year. The creators (some already graduated and working) were brought together to a symposium to reflect on these previous projects. They shared episodes that vividly expressed the distinctive challenges and interesting aspects associated with the materials and their design. At the same time, it became apparent that there was an underlying common awareness among them. This publication not only serves as a meticulous and faithful documentation of all six works, but fundamental themes inherent to the practice of architecture are also extracted. In other words, 'perspective = guidelines' is presented. Most illustrations are not delivered by the original creators themselves but were drawn by a third person as a chosen method of representation to convey each theme effectively.

コンテクストから着想へ
From Context to Idea

一体なにを手がかりに建築を考えればいいのか、と嘆いていてもはじまらない。調査や研究に取りかかるのか、現場に行って人に話を聞くのか、いきなり形をつくって敷地に置き、観察してみるのか。そこで体験したことすべてが発想の原点となり、自分だけのコンテクストとなる。

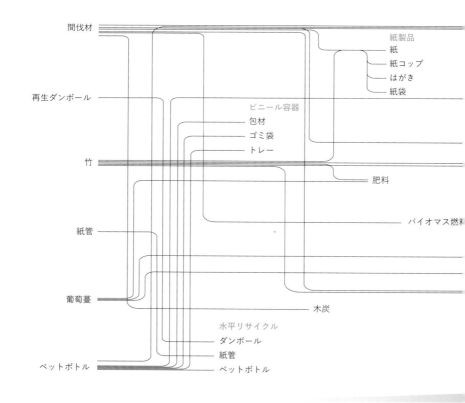

間伐材

紙製品
紙
紙コップ
はがき
紙袋

再生ダンボール

ビニール容器
包材
ゴミ袋
トレー

竹

肥料

バイオマス燃料

紙管

葡萄蔓

木炭

水平リサイクル
ダンボール
紙管
ペットボトル ペットボトル

短

原材料と再生品を線で結んでみると、そこにはネットワークの存在が可視化される。モノはそれ単体では存在し

素材を決めるとき、解体後にその素材がどう再生されるのかが前提となる時代が来るのではないだろうか。前の用途から再生されたものを採用したり、人の一生よりも長いサイクルでモノを捉えることも必要になるだろう。素材が本来、過去から未来へと続く長い時間軸上に存在するとすれば、その背景を知り、建築がもつ時間の中に組み込んでいくこともできるはずだ。それによって、コンバージョンやリノベーションのような複合した物語を、すべての建築において組み立てることになるだろう。

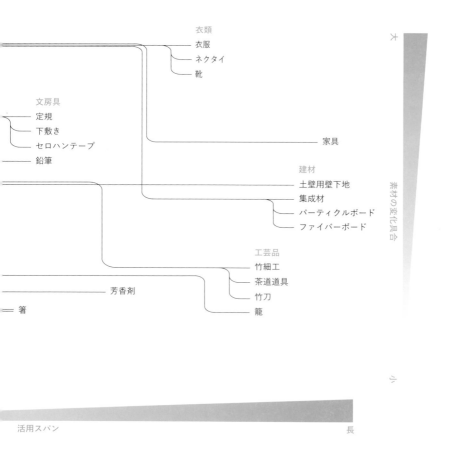

衣類
衣服
ネクタイ
靴

文房具
定規
下敷き
セロハンテープ
鉛筆

家具

建材
土壁用壁下地
集成材
パーティクルボード
ファイバーボード

工芸品
竹細工
茶道道具
竹刀
籠

芳香剤

箸

大

素材の変化具合

小

活用スパン　　　　　　　　　　　　　　　　　　　　　　　長

ない。持続可能なものづくりは、まだ見えていない線を探すことからはじまるのではないだろうか。

地域性
Regionality

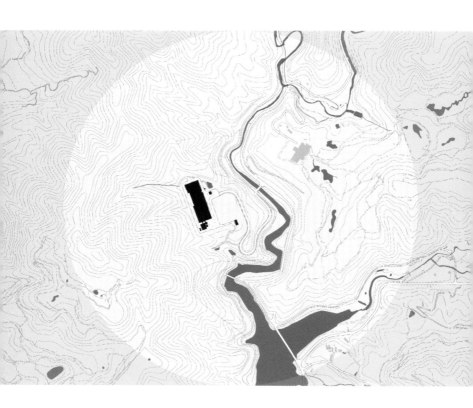

産地を訪れたら、周辺まで視野を広げよう。たとえば大量の水を使う製紙工場の傍には河川がある。加工所や

ミース・ファン・デル・ローエは、石材を選ぶ際、必ず石切場に足を運んだという。バルセロナ・パヴィリオンで使うオニキスを指さして、「天井高をこれの2倍の高さに設定する」と言ったらしい。たしかに、作品の中心部には、上下対称に開くかたち（ブックマッチ）でオニキスが配置されている。これは想像だが、ミースも石切場に行けば、石切職人とも対話したのではないか。同時に石が産出される土地の空気感を身体的に感じ取っていたはずだ。

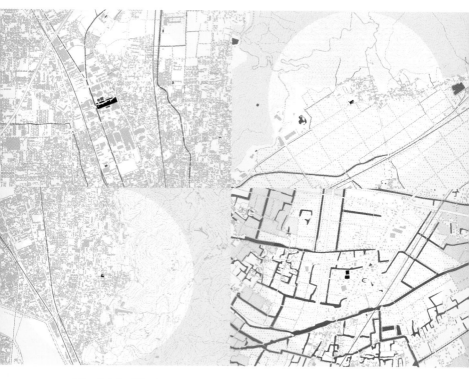

■ … 生産地　　■ … 河川　　■ … 建築物　　… 山　　… 竹林　　… 果樹園　　… 畑

保管所、道路などのインフラ、従事する人々の生活まで想像すると、その地域を再発見できる。

果実が収穫された後の葡萄畑。段々状に整えられた傾斜地、張り巡らされたワイヤー、うねるように伸びる幹。
そこから蔓を回収する体験は、素材の背景を理解するプロセスである。

A うねった葡萄の幹　B 張り巡らされたワイヤーは蔓の依り代となる　C 傾斜地につくられた段々畑
D 伐採された葡萄蔓と葡萄を保護していた傘袋　E 蔓はうねっておらず束ねられる

03 物性
Physical Properties

	タイプ	重さ（g/cm3）	大きさ（mm）	強度（N）
ヒノキ間伐材	棒	0.41 ※気乾比重 乾燥次第で変化する	径：150〜200程度 案外太い材もある	曲げ：750 引張：1200 せん断：75
再生ダンボール （ミルダン）	板	0.245* 立体化する方法が必要	厚：5.5 幅：〜2500	平面圧縮：622 垂直圧縮：518.8
竹 （真竹・青丸竹）	円筒	0.63 ※部位による 中空の割りには重い	径：50〜80程度 ※部位による 無加工でも線材として使える	曲げ：1440 引張：1760 せん断：170 ヒノキより強くしなやか
紙管	円筒	0.3* ※内径76.2、7mm厚 構造的には鉛直材として使うべき	径：10〜1000 厚：0.3〜35	圧縮：1112.1 紙なのに強い
葡萄蔓	蔓	0.2〜0.3程度	径：3〜40 ヴァリエーションが豊富	データなし
ペットボトル （2Lサイズ）	成形材	0.0175*	W105×H305×D89 寸法にムラがない	データなし

分析したり、比較したりするためには数値化できる指標が必要だ。ただ数値にならない性質もきっとある。調べ

これまで使用されてきた無難な素材を選ぶことは多い。強度や耐久性、質感など、一般に求められる性能が保証されているからだ。逆に、設計のたび、あらゆる素材をまっさらな気持ちで見直したらどうだろう。柔らかさ、香りや肌理などの特性に注目することで、建築のあり方自体が問い直される。ミシェル・フーコーは、ある時代の考え方は、その時代につくられた概念体系（エピステーメー）に拠っていると指摘した。ときには素材を別の枠組みで捉えてみることも、建築の可能性を開くきっかけになるはずである。

色	色の幅があり表情が豊か	特徴的な成分や性質	樹皮だけでも使える	加工方法
樹皮：赤褐色、灰紫褐色		・殺菌、耐蟻性、耐腐朽性		・樹皮を剥ぐ
木肌：白みを帯びた黄色		・（材木の中で）加工しやすい		・製材（角材、チップ）
		・リラックス効果のある香り		
		カットすることで香りが広がる		
表面：白		・芯まで白い		・裁断する
断面：白		・（一般的なダンボールと比べて）高強度		・貼り合わせる（合紙）
	チープさがない	・吸湿性が高い	手加工には硬い	・噛み合わせる
若竹色→青竹色→老竹色		・ポリフェノール成分による抗菌化作用		・磨く
※樹齢によって変化		・磨くと鮮やか		・割る、裂く
	準備が必要		湿気による変形に注意	・（ひごにして）編む
				加工次第
茶褐色		・吸湿性が高く伸縮がある		・裁断する
		・柔軟性と復元力		
		組み合わせないと構造にならない		
茶色から赤紫色		・柔軟で引っ張りに強い		・束ねる
		・ポリフェノール成分		・巻きつける
				・編む
無色透明	色付きは存在しない	・透過性		・切り開く
※2001年より着色禁止		・柔軟で割れにくい		・水を入れる
	重ねると変形するかも		水を入れると潰れない	

* 比重ではなく中空部を含む単位体積重量とする

てわかったことを、触ったり、嗅いだり、試しにかたちにしてみたりして確かめよう。

リファレンス
Reference

構造

HPシェル

パターン・仕組み

ドーム

物理的性質

連続アーチ

カメラのレンズ

SNS的

桟積み

透過率

可視・不可視

間隙

折りたたみ式

アーチ

ポップアップカード
（切り込み）

ミルフィーユ

フィルター

吸音性

カーテン

ウィトルウィウス的人体図

葡萄棚

パッチワーク

グリッド

物語る

モザイク

そのまま置く

鳥の巣

青海波
（模様）

繭

（葡萄の）房

ありのまま

蛹室

道

流木

クラゲ

小道

泡

洞窟的

雨

霧

鍾乳洞

竹穂

生き物・生態系

森のような

水の揺らめき

川の流れ

風景・自然環境

発想の源になった言葉をならべてみる。バラバラに見える言葉も、分類できたり、互いの関係性を見出すことが

言葉のイメージから空間をつくることの可能性を考えてみたい。「揺らめく」という抽象的なイメージが、「布に包まれた空間」という具体性につながる場合もあれば、「迷い込む」という言葉が、抽象的なままに空間をつくりだす指針となる場合もある。イメージが形をなすには、イメージと実空間との間の、また、あるイメージと新たなイメージとの間の行き来が欠かせない。その過程には、案が形をなす生き生きした瞬間がある。それは、ゆっくりとした生物進化が、その方向を決定づける特異点「生命の飛躍（エラン・ヴィタール）」に似ている。

できる。一つの言葉に固執せず、言葉の海を泳いでみると、思いがけない出会いがあるかもしれない。

05 スタディ
Study

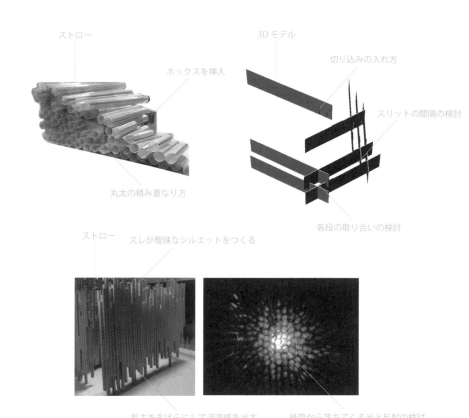

ストロー

3D モデル

切り込みの入れ方

ボックスを挿入

スリットの間隔の検討

丸太の積み重なり方

各段の取り合いの検討

ストロー

ズレが曖昧なシルエットをつくる

長さをまばらにして浮遊感を出す

紙管から落ちてくる光と反射の検討

立体にしたり、画像にしたり、言葉にしたり。壊したり、ひっくり返したり、合体させたり。道具も手段もさまざまだ。

「二個の煉瓦を注意深く置くときに、建築が始まる」と、ミース・ファン・デル・ローエは言っている。まず手を動かして形にしてみること、その先にある発見を足がかりに次に進むこと、その繰り返しの重要性を語っているともいえる。さらに、どんな素材をスタディに用いるかが到達するゴールに大きな違いをもたらすのだ、と解釈することもできる。同時に、小さな子供が積み木遊びを無心に繰り返す姿を連想してしまう。

スチレンボード

竹ひご

組み方のヴァリエーション

反射光

スリットから落ちる光

針金

組むためのガイドとなるフレーム

編み込みの密度と光の落ち方の検討

思いついたことをどんどん手を使って検証しよう。

・紐では緊結することが出来ず
　針金に変更

・HP シェルなら竹を線材として使える

・規模を縮小した時に「何を一番
　残したいか」を考えた

・他の年は比較的外に開かれている
　ものが多いことからそうではない
　やり方で検討を始めた

・（慣れていない人に）カットを手伝って
　もらったりすると手癖でずれてしまっ

・線材として使うと影の落ち方がきれい

・家具のことまでは考えていなかった

・段ボールとスチレンボードは
　素材感が似ている

・展示空間がヒノキのいい匂いで
　満ちていた

・展示空間そのものがかっこいい
　ため展示空間を含めた計画に

・影ではなく光を意識したことで
　オブジェ的な空間というよりも
　建築的な空間だと言われた

・木もまっすぐじゃないので
　積みやすい向きがある

・外から内部の活動を見せるため
　に地面についている紙管の数を
　減らすと結果的に浮遊感が出た

| コンペティション | 調査・検討 | 実施設計 | 施工（前半） |

気づきや学びの機会はプロジェクトの最後とは限らず、それぞれの段階に存在している。結果だけにこだわらず、

建築をつくる過程における気づきは、「光が重なり合って花びらのような模様になっていた」というように、身体感覚的で、原始的である。その一方で、技術的な問題を解決する試行錯誤から、新たな発見が得られることもある。施工から完成までの過程、さらに、その空間を人が体験する姿を観察する中にはたくさんの気づきがあり、建築家はそれを設計にフィードバックすることで血肉化し、新たな知識・思想・技芸を身につけていく。

・竹と針金の素材感が似ていて意外
と良かった

・強度面から屋根部分の本数を減らし
たことで天井からも光が落ちるよう
になった

・ペットボトルの凹凸で光がより
乱反射していた

・天井の紙管が 30cm になったことで
より柔らかい印象の光になった

・光が重なり合って花びらのような
模様になっていた

・度的に吊り天井は難しく、
ルーガンで接着した

・解体するときには水分抜けていたみたいで、
あれこんなに軽かったっけと

・スチレンボードには若干の透過性が
あるので実物の方が内部の反射光が
より綺麗に見えた

・解体する時はナンバリングして
解体しようかなと思った

・学部棟のアーチと対応していて
驚いた

・規模を縮小したことで人と人との
距離感がより近くなり秘密基地感
が増した

・工業的な展示空間と有機的な
葡萄蔓の対比が出来た

屋外にも置いてみたいなと思い
ながら制作していた

施工（後半）	完成	写真撮影	解体

過程にある体験を豊かなものにしよう。

07 アプローチ
Approach

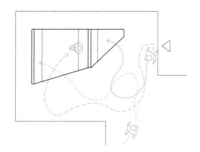

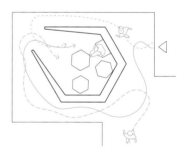

いきなり直行、ぐるりと旋回、蛇行運転。人の動き方はさまざまだが、その不確かさを受け入れながら建築は人

建築を配置することは、敷地の中に残余の空間をつくりだすことでもある。その空間は、一連の体験において重要な役割をもつ。千利休の茶室でもアプローチとしての露地は茶室の一部として、緻密に設計されていた。建築はさまざまな形によって、敷地や周辺環境との間に抑揚をつくり、人の動きを生み出す。渓流でも岸や川底の自然石の配置が、瀬の速い流れ、渦や澱みを生む。そんな意外なリズムや美しさをもつアプローチもまた、小説の書き出しや、オペラの前奏曲のように、人を作品に引き込んでゆく。

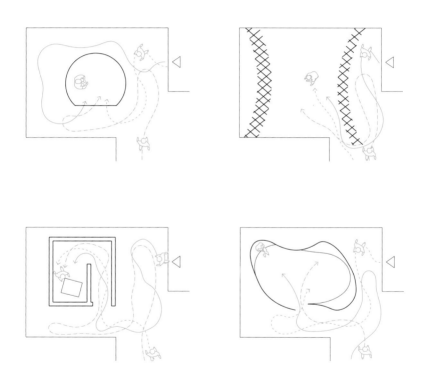

を導く。蝶が舞うような軌跡を思い浮かべながら建築の配置を考えてみよう。

建築が立ち上がる前の段階。部材を加工し、モックアップをつくり、原寸で形や強度を確認しながら作業を進める。カッターの刃先から素材の硬さが伝わってくる。

A 短冊状にプレカットされたダンボール　B 1/20スケールの模型
C 材どうしを噛み合わせる箇所を手作業で切り欠く　D 実際に噛み合わせて組んだモックアップ

自然の素材ならでは揺らぎ

――まずはこのプロジェクトの印象をお伺いしてもよいでしょうか。

Y（山田）： 実際の建築はいろんな材料を組み合わせながらつくりますが、このプロジェクトではなるべく削ぎ落として、一つの材料からできる空間性みたいなものを追求しているのが面白いなと思っています。

――自然の材料と人工の材料がありますが、その違いは感じられますか？

Y： 材料の製造・加工の工程や、解体後の廃棄の過程に明らかな違いが出ると思います。このプロジェクトでは、つくる前に学生たちと材料の製造や採取・加工を行なっている工場を見学しているのが面白いですよね。それに解体後にどうするかまで考えているのも今日的な視点です。使っていく過程については、自然由来か人工的かというよりも、その素材の形や寸法、硬さや柔らかさのような性質のほうが大きいように感じます。

――自然材料だとどうしても揺らぎがあって、逆に人工材料だと均質で遊びがなくて、ちょっとズレてるだけでも変に見えてしまったり……。

Y： たしかに、私が参加した「竹の茶室」の時は、材の元と末で太さが違い、個体差もあるので、それらをどう継いでいくかが問題になりました。

K（垣田）： 伐採の現場でヒアリングしたときに、竹は根元が細くて、目の高さぐらいで太くなり、また上にいくほど細くなっていくと教えていただきましたね。トラックの荷台で運べる長さが4mまでだったのですが、実際につくる構造体にはもっと長さが必要なので、太さのテーパーを活かして釣竿みたいに継ぎました。その太さの揺らぎには、設計の段階では気づいていませんでした。

Y： 実際の材料を見てはじめて「こういう曲がりや歪みがあるんだ」とわかるんですね。「葡萄蔓」の場合は元々くしゃくしゃに曲がった材料だという認識のもとであの形が生まれてきたのかなという気がしますが、竹のように一見まっすぐに見えるようなもののほうが、現場で不均質さの問題に直面したのかもしれないですね。

K： 葡萄蔓は、ちょっと曲がってはいるんだけど、意外とまっすぐなんです。だから曲げて輪っかにしてみると、まっすぐに戻ろうとする力が働いて安定したんですね。

Y： これ意外にまっすぐなんですね。

ムラの美学

K： （一般的な）材料学では、素材のもつ性質の

素材には揺らぎがある。それはヒノキの樹皮の荒々しさであり、打放しコンクリートや自然石の肌理に抑制的に見られるムラでもある。日本の弟子たちが完成させた国立西洋美術館を見て、ル・コルビュジエは「コンクリートがきれいすぎる」と言ったという。私たちは、揺らぎを施工精度で抑え込むことを前提としてきた。「建築家なしの建築」がもつような、人工と自然のせめぎ合う力をそなえた空間をつくることは、現代でも可能なのだろうか。

揺らぎの幅を絞っていくというか、ある幅に収束させていくことによって、はっきりした強度を出す必要があると思うのですが、山田先生が扱っておられる土や竹、間伐材といった自然素材の場合は、逆にその揺らぎが材料の新しい突破口とか、面白さや美しさになりうるんですよね。

Y：そうかもしれません。実際の建築では、とくにバラツキのある材料を使う場合、ある性能以上を担保できるような材料の取り方や仕組みが必要になりますからね。このコンペはそういう現実的なところの、一歩先の新たな可能性を開拓していく部分なのかなと。

K：ちょっとくらい壊れてもいいですからね（笑）。実際に途中までやってみて、ダメだったら違う方向に、といったように、リスクが許容された進め方になっています。

――「竹の茶室」の場合、線材でHPシェルをつくるってアイデアは面白いんですけど、一方で、竹じゃなくてもいいんじゃないかと思ってしまうのですが……。

Y：たしかに、円筒形のものであれば他の材料でも似たようなものはできますよね。だけど、歪みや揺らぎのある自然素材で幾何学的なものをつくることには意味があると思います。「自然の素材でもこういうことができるんだ」となる。歪みがあって難しいけれど、その材料を使いこなしているこ

とがアピールになるんじゃないでしょうか。

――HPシェルは湾曲していない材を組み合わせてつくることができますが、竹でつくると多少はしなって変形しているんでしょうね。竹の微妙な柔らかさがあって、鉄パイプでつくったのとは少し違う。その柔らかさは、実際に見たらわかるんじゃないかと。

K：つくってる側は均一にしようとするんだけど、どうしても均一じゃなくなってくるところがあって、逆にそれが魅力になっている。実際の建築でも、例えばコンクリートの打ち放しだと、型枠の割り付けとか、きれいに均質にいくように計算するんだけど、やっぱり誤差が出てしまう。その誤差を補修する場合もあるんですが、それをやっちゃうとダメになってしまうんです。誤差ゆえの味がある。

Y：おっしゃる通りですね。例えば、最近の瓦は結構ムラなくきれいに焼けて色も同じようなものをならべられるけれども、工業化されて均質化されていくほど、なにかもの足りなさを感じるようになって、今度はわざと焼きムラをつくって昔の瓦のように見せるとか、あえて違う柄付きのあるものに変えていくという方向性もあります。揺らぎのあるもので全体をつくることの美しさはありますよね。

材料が秘めたメッセージ

——例えば、間伐材でいえば「伐採した丸太がその場所で積み上げてある」みたいに、素材が元々もっている風景というものがあると思うんです。トリッキーな使い方をするんじゃなくて、おのずとそう置いてしまうような置き方にしてみると、どこか自然さを感じられる。材料が建築になるときに、示唆する世界があるんじゃないでしょうか？

Y：ある気がしますね。例えばですけど、稲刈りをした後にその藁を干しますよね。あれも見方によっては茅葺き屋根のようでもある。藁を干そうと思ったらこの形になるとか、丸太を並べておこうと思ったら自然とこういう積み方になる、みたいなことは、リンクしていますよね。

——「なんか自然だな」みたいな感じですね。

Y：素材が生かされる形というのがあるんでしょうね。コンペの審査に参加させていただいたときも、「この材料でこの形ができるかな？」と一回立ち止まったりしちゃうんです。1:1でつくるので、「これだったらできそう」みたいなイメージも評価の一つには入ってくる。そういうことを考えていくと、必然的な形が生まれてくるのかもしれないですね。

K：入選してる学生は2年生とかが多いんですよね。（上級生ほど）考えすぎちゃって。

Y：2年生だと素材をどう使おうかと素直に考えるけれども、大学院になって少し建築についてわかってくると、素材をよりよく実際の建築に取り入れるためにはどうしたらいいかを考えはじめる。それはある意味、設計が高度化している証かもしれません。でもこのコンペは仮設だし、素材の良さを純粋に表現してみるというのがテーマなので、もしかしたらそういうところで2年生が選ばれるのかもしれないですね。

K：人間が素材の構築に向き合ったときに自然とこうする、ということがあるとすれば、稲掛けのようなヴァナキュラーなものの魅力に触れることは、純粋なもののあり方に気づくきっかけになるのかもしれません。設計だけでなく、建築を考えるうえでは重要なことなのかなと。

Y：学生が社会に出て実際に建築をつくるようになったときに、学生時代にどんな経験をしたかをどこかで思い出すときがあると思うんです。ふつう、葡萄蔓を建築で使ってみようとはまずならない。竹や土であっても、昔は当たり前に使っていた材料でしたが、今の建築ではなかなか使われない。だけれども、自分で手を動かして試行錯誤したり苦労した体験は忘れないし、設計をやっていくなかで、その時に使った材料が選択肢に入ってくる可能性があるんじゃないかと思います。それから、どんな材料を使うかが二の次にならずに、重きをおけるようになるかもしれない。近年の環境問題を考えればマテリアルフローはとても大

事なので、材料的な視点をもって建築に向き合う人が増えていったらいいですね。

K：設計演習があまり得意じゃなかった学生がいて、だから卒業設計はやっていなかったんだけど、「間伐材の茶室」には参加していて、就活の時にポートフォリオに入れていたら、それが気に入られて、いま設計系の仕事をしているみたいです。

Y：面白いですね。たしかに学生時代を思い浮かべると、設計の授業で素晴らしい成績の人がいっぱいいる中で、「自分はここにいても太刀打ちができない」みたいなことを考える人が一定数いて、私もどちらかというとその一人でした。でも建築が好きだから構法や材料をやってるわけです。建築の分野は幅が広いですからね。

K：実際の設計だと必ずしもそんなたくさんの技を繰り出す必要があるわけではないので、もっと純粋に考えて素直に表現していくこともできる。逆にそのほうがいい建築ができるかもしれません。

Y：実際の材料を手にすると「これはできない」みたいなことも肌感覚としてわかってきますよね。学生は建築を学んでいても実は実際の材料を扱うことは少ないので、実物から気づかされることも多いのでしょう。形に対する創造力が変わってくるんでしょうね。

制約のなかで生まれる発明

K：設計演習だと、まず空間の構成を抽象的に考えて、その次にいろいろ技を覚えていって、その技を発展させて、誰も思いついていないような建築を目指します。でも、それで本当にいいのかと。材料と向き合って発想していくと違うことを考えられるかもしれません。

Y：そうですね。実際の建築で材料から発想しても、少なくとも1種類で全部はつくれないから、結局仕上げ材に使うだけとかになりがちですけど、仮設だったら構造材から仕上げ材までをすべてその材でつくれる。構造材を変えると、建築ってものすごく変わってくるんじゃないかと思います。

──山田先生がこれまでの作品を見て、材料の使い方であったり、「この材料からこういったデザインになるのか！」という発見はありましたか？

Y：例えば木材だったら、いま常識的に考えると製材して軸や板材にするか、集成材のような木質材料として再編成するかで、その使い方は木造軸組構法の構造材か、下地や仕上げの面材かが一般的ですよね。「間伐材の茶室」では、そのどれでもない、皮つきの丸太のまま使って、しかも組積造の材料として使っているんですよね。考えてみれば日本には校倉造りのように木を積み組む建築構法があるし、世界的にみれば決して珍しいものではなくて、昔からスカンジナビア

半島からバルカン半島まで広い範囲にみられる一般的な構法と言われています。材料を素直に使おうとすると土着的な建築ともつながってくるなと思います。

　紙管や竹は、同じく円筒形ではありますが、中空状なので、建築材料の中では珍しく、使う向きとか、長さや組み合わせ方によってさまざまな可能性を探ることができたんだと思います。例えば「紙管の茶室」でいえば、外から見た感じと中に入って天井から光が抜ける感じが、同じ材なのに別物みたいに見えて面白かったです。

K：例えば「間伐材」は、積んでいくだけだと、屋根の部分がうまくいかなくて、実は直交方向に梁が入っていて、それを隠すようなつくり方をしちゃっているので、「純粋じゃない」とも言えるけれど、梁が入ることでなんとか成り立っている。そういうふうに、首尾一貫性が保たれるギリギリのやり方で問題を解決する方法が、どの作品にもあったんですよね。「再生ダンボール」の場合だと、入り口だけは壁と同じように積んでいくだけだとうまくいかなくて、そこだけV字型の特殊な部材を入れたんです。異質ではあるんだけど、そんなに違和感がないように解決できている。

Y：それを同じ材料でやっているのが面白いですよね。普通だったら、別のものでやろうと考えてもおかしくないけれども、一つの材料で違う使い方をすることで現実的な問題を解決している。それも、できるだけコンセプトを崩さないような方法

で。使う材料の種類が少ないところは土着建築にも似ていますね。要はその場で採れる材料しかなかった場合には、2、3種類はあるにしても、「限られた材料をどう使えばいいのか」って考えたはずなので。

合理性とローカリティのあいだで

——山田先生は、土の日干しレンガのような特殊な材料や構法を試されていると思うんですけど、一般的ではない材料を使ううえでの難しさや工夫をお聞きしたいです。

Y：土は日本でも古くから使われてきた材料で、小舞土壁という素晴らしい塗り壁構法があります。ただ、現代では工期や技能の問題もあるので、そういう制約のある現場でも土を使う選択肢を増やせればと思い、いくつかチャレンジしたことがあります。

　「かみこさかの家」というプロジェクトでは、設計や統括を担当していた当時学生だった森下啓太朗君が「土を使いたい」と相談に来てくれて、どうせだったら新しい構法を開発してみようとなったんです。それで、土のブロックを取り付けることができる構法を試したんです。でも土ブロックはつくるのも、施工するのも大変で、森下君や学生たちが頑張ったからできた。逆をいえば、そういう労働力がないとできない方法だと感じました。だからその時のやり方を改良したいと思って、横

浜の「あざみ野の住宅」というプロジェクトでは、既存のレンガ工場の生産ラインを使って、土パネルを工場生産し、取り付けを乾式で、しかも素人が簡単にできるようなものにしました。どうしたら土を使えるようになるのかを考える種まきみたいなものです。

　これらの土のプロジェクトと、茶室のプロジェクトは似ているところもあって、ある材料と向き合ってどんなふうに加工したり組み立てたりできるんだろうと考える過程に共通点がありますね。茶室のプロジェクトはさらに、その材料の使い方によってどんな面白い空間ができるのかまで重要視していると思っています。真新しい構法でなくても、新しい空間性を生み出せる可能性があるわけです。

　（「ペットボトルの茶室」を制作した学生に対して）逆にお聞きしたいのですが、制作にあたって苦労などはありましたか?

——最初は3Dで検討していたんですけど、実際つくるとなると、3Dみたいにコピーペーストで積んでいけないじゃないですか。人の手でズレが生じてしまって、最後の1個のペットボトルが全然はまらない、みたいなことが起こってしまって。

Y：なるほど、施工の難しさですね。精度をどうやって出せばいいのか。

——最後は仕方なく、バレないように飲み口の部分を切ってはめ込んでいます。人の手でやることの難しさがありました。

つくって終わりではない

——山田先生はある素材を見るときに、どういう見方をされるんでしょうか。

Y：私が大事にしているのは、どれだけ環境に寄り添えるかです。例えば土でいえば、セメントを入れてしまえば強度も上がるし耐水性も上がるけれど、どうすればこうした固化材を入れずに土を建築に展開できるかを考えています。その理由は、乾燥させて固めただけの土であれば水に浸すことで100%土に還る、循環型材料なんです。例えば庭に撒いてもいいような材料なわけです。だけど、セメントを入れると循環性という土の最大の利点が失われてしまう。これは決定的な違いです。土以外の材料でも、普通循環する材料というのは、なんらかの弱さをもっています。木や植物系の材料なら腐りますよね、だから循環できる。だから、できるだけその素材のもつ弱さを享受できるような使い方を考えたいんです。

　それからもう一つ大事にしたいのは、魅力的に使うことです。美しく魅力的に使えると、使ってみたいと思う人が増えると思います。「あざみ野の住宅」の時は、研究室で1：1の試作壁を何個もつくって、光を当ててみたりしながら見え方もスタディをして、形を検討しました。

——さきほど「バナキュラー」という話もありましたが、素材って地域によって扱いの難しさに違いがあると思うんです。例えば土だと雨の多い日本で

は厳しいけど、乾燥してる地域であれば使いやすい。そう考えたときに、どこの地域でも使えるような汎用性にフォーカスしておられるのか、あるいは地域ごとにそれぞれの使い方ができる、みたいな提案の仕方を模索されてるのか、どちらなんでしょうか。

Y：本当はローカルであるほうがいいと思います。土が乾燥している地域で使われている一番の理由は、そこで採れる主要な材料が土だからなんですよね。アフリカ大陸や中南米など、植物系の材料に恵まれない地域では、日本みたいに木が使えないので、日干しレンガで建物がつくられるのは自然なことです。ある種の効率性があります。日本に日干しレンガを持ってきたって、同じように構造体になるかといえば、地震もあるし、合理的じゃない。だからその地域で成り立ちうる方法という考え方は大事だと思います。

　土ブロックを使ったプロジェクトは、どちらも日本のプロジェクトですから、躯体は木造で、土は内装仕上げ材として使っています。広義にはローカルな提案といえると思いますが、自分でも矛盾していると感じるところもあります。というのは、「あざみ野の住宅」の時は土ブロックを工場生産していますが、手でつくれば、その場で建設発生土として出た土を使ってその場で消費することができるのに、工場生産すると工場付近で取れた土を使うことになり、現場まで運搬してくることになる。日本全国どこでも同じ製品は使えるけれど、ローカリティあふれる材料をわざわざ運搬するこ

とになってしまう。本当はその地域だから成り立つとか、ローカルだからこそ値段も安いとか、理想としてはそうなればいいと思っているんです。

──まったく違う地域からその土地にないような素材を持ってくるのは、あまりよくないんでしょうか。

Y：ケースバイケースだと思いますが、少なくとも運搬にエネルギーはかかるわけなので、しないで済むならそのほうがいいですよね……ただ難しいですよね、実際のプロジェクトでは。工場生産の土ブロックも現実問題との兼ね合いで生まれたものだと思っていて、「完全に土に還る」というのをできるだけ簡単に実現するために、ちょっと遠方から運んでいる。できるだけローカルで成り立つことを考えたいと思っていますが、実際のプロジェクトでは折り合いつける部分もでてくるのだと思います。

（2022年10月4日、オンラインにて）

設計と制作のあいだ
Between Design and Production

建築的思考によって、人は抽象的にものごとの関係性を捉え、そこに形を
与えることができる。しかし実際に自ら手を動かしてつくるとなれば、材料
を用意し、問題を解決し、完成に導くという具体的なモノと現場に携わる
ことにもなる。プロセスを連続的にとらえ、プロジェクト全体を構築しよう。

09 部材
Elements

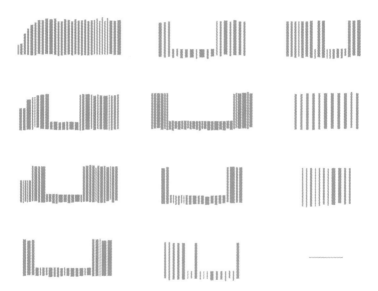

3次元の建築を2次元で捉え直すとき、部材を整然とならべてみることも有効だろう。物質としての総量を定量

現場で建材がきれいに置かれているのを見てはっとする瞬間がある。素材をならべてみるだけで、これから出来上がる空間の密度や動きがあらわになる。実現した空間のもつリズムが、2次元的に一望できるともいえる。ル・コルビュジエは「建築とは意味あるものに秩序を与えることである」と言った。建築の秩序は、設計と制作のプロセスの中でゆっくりと形成されるが、部材の並びや配置、組み合わせにも自然と編み込まれるものに違いない。

的に捉えられるだけなく、重さの違い（色づけした部分は同じ重さ）を可視化することもできる。

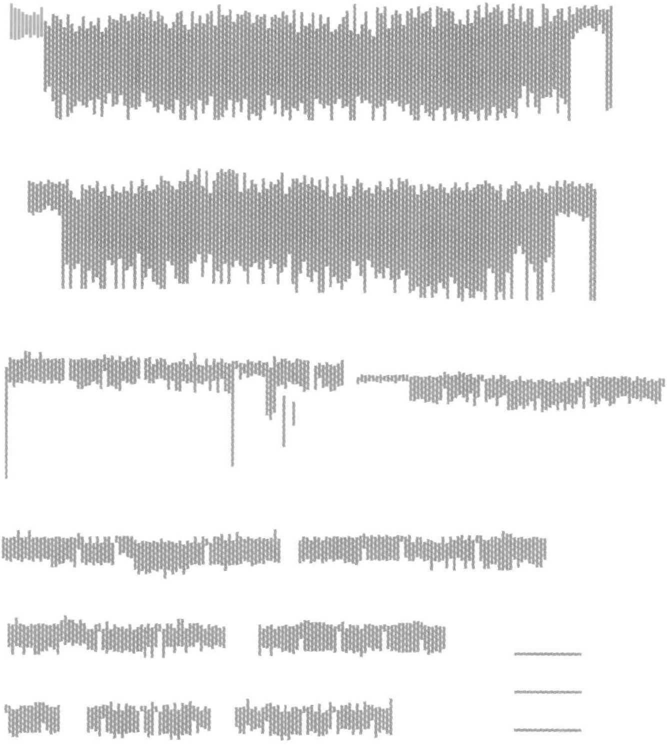

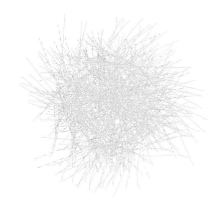
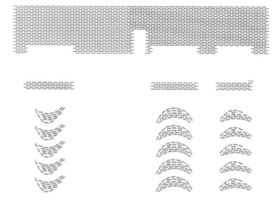

10 インターフェース
Human Interface

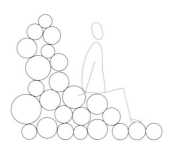

人間を中心に空間を描こうとすると、まずは触れられる箇所が現れる。それは家具だけでなく、わずかな段差や、

建築設計の先輩から、「建築で最もコストをかけるべきなのは家具である」と聞いたことがある。なぜなら、人の手に最も触れる部分だからであると。したがって次に優先されるのは、足で知覚される床であり、最後は身体からも眼からも遠い天井であるということになる。この視点は、空間の本質を身体感覚、とくに触覚から捉えるものといえるだろう。触覚は手だけでなく、足やお尻、背中にもあり、人間の姿勢によって大きく変化する。

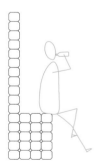

壁の凹凸、あるいは地面かもしれない。接点から出発して建築全体をイメージすることはできるだろうか。

組みあげられた丸太に早速腰かけてみる。荒々しい樹皮の座り心地。隙間から入る光、向かい合うと笑ってしまうような距離感、包まれる安心感。身体でつくりあげた空間を自ら味わう楽しみがそこにはある。

A 屋根を支えるための梁　B 丸太同士を結束するワイヤー　C 丸太の段差でつくられた座面
D 二人が向かい合ったときの距離感　E 小口に現れる素材の表情

ソーシャルディスタンス
Social Distance

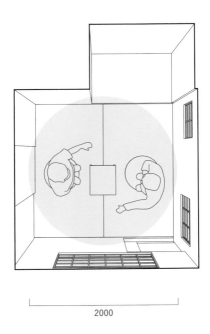

2000

心理学では対話にふさわしい距離は数値化できると考えられている。しかしその指標も空間のあり方によっては

近代建築は、外部の風景に向かう人間を前提としていた。それに対し、洞窟住居や竪穴式住居など、求心的な原初のシェルターは、人と人の対話を前提とした空間だったのではないだろうか。対話を基準におくことで、近代以降の建築が前提としていなかったスケールや、親密な空間の可能性に気づくことができる。またそこでは、人が段差に座ったり、足を伸ばしたり、どのような身体のあり方でいるかということが、空間の捉え方に大きな違いをもたらす。

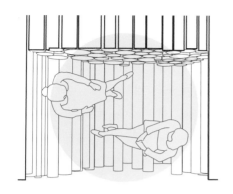

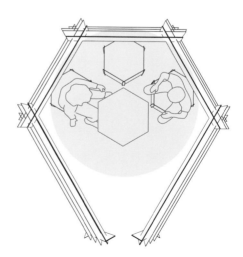

歪んでしまう。近いのに遠いとか、遠いのに近いとか。そこにしかない距離感とはどんなものだろう。

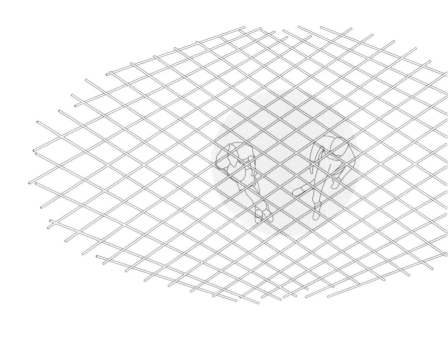

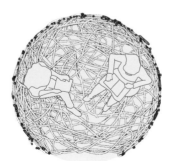

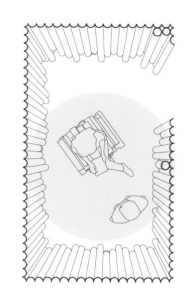

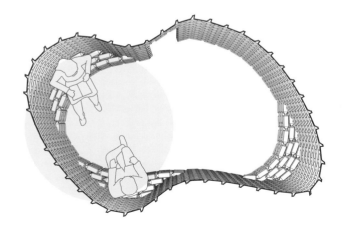

12 スケール感
Feeling of Scale

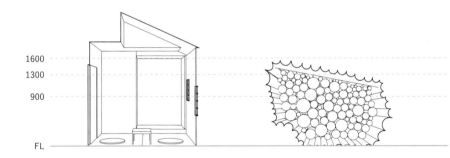

1600	
1300	
900	
FL	

日本の法律では居室の高さは2100mm以上とされているように、現代の空間は標準的な寸法に支配されてい

身体と寸法は、緊張感のある関係にある。腰をかがめ、背を丸めて入る空間、這いつくばるようにしてくぐる場。そんな空間の可能性に、ふつうの建築を設計する中ではほとんど気づかない。生活の中でそんな場面は結構あるのに不思議だ。構想と自分の日常を結びつけて考えることは難しい。ル・コルビュジエのモデュロール・マンが、手を伸ばして立っているだけでなく、腰をかがめたり、這いつくばっていたりしたら面白い。

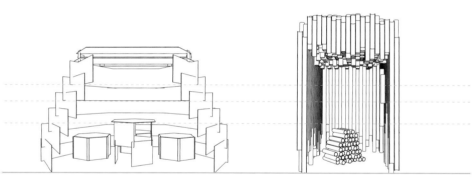

る。しかし千利休の「待庵」を標準としてみたらどうだろう。大きさの感覚に絶対はない。

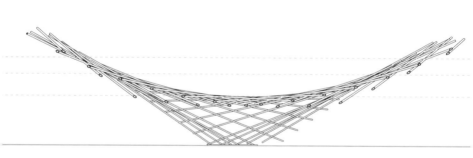

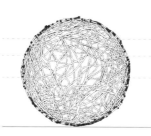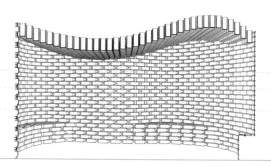

|3 施工手順
Construction Procedure

施工の過程をレントゲン写真すると3つのタイプがあることがわかる。フレームをつくってから間を埋めるもの、

ものが組まれ、立ち上がっていく。朧げな形がはっきりとしていく。制作の過程を整然とした画像に変換してみると、紆余曲折や泥臭さは消え去り、生成の過程が論理的なものに見えてくる。そのイメージは、ものをつくることに救いと力を与えてくれる。ハイデッガーは「ものが存在することの不思議さ」に論理を与えようとした。それは困難と混沌の時代の人間に、同じように力を与える試みだったのではないか。

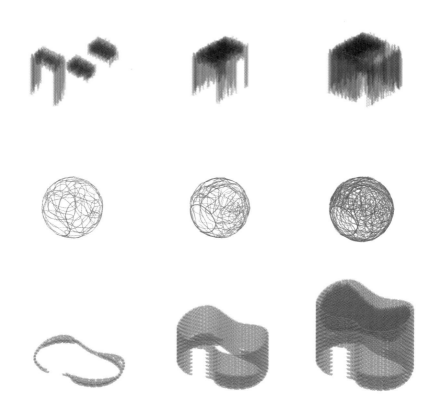

地面から段々と積み上げるもの、ユニット化して合体させるもの。別のつくり方もありえるだろうか。

組積造のようにペットボトルを積み上げていく過程。だんだんと身体が埋もれていくにつれ、空間がかたちになっていく。それと同時に重量や現象の存在感も増してくる。

A グルーガンで接着　B 乱反射してできる影　C 水を入れたペットボトルは強度が上がり重石にもなる
D 飲み口は底のくぼみにはめ込まれる　E コロナ禍での作業のためマスク着用

14 工程
Schedule

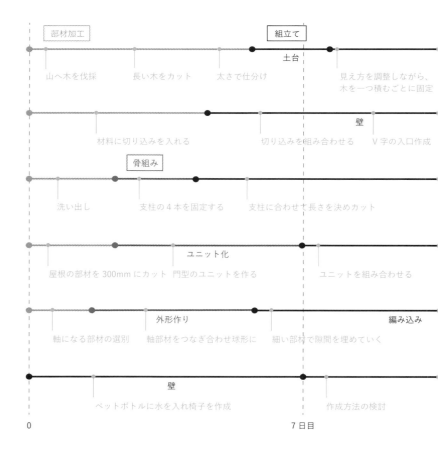

部材加工 · 組立て

土台

山へ木を伐採　　長い木をカット　　太さで仕分け　　　　　見え方を調整しながら、
木を一つ積むごとに固定

壁

材料に切り込みを入れる　　切り込みを組み合わせ　V字の入口作成

骨組み

洗い出し　　支柱の4本を固定する　　支柱に合わせて長さを決めカット

ユニット化

屋根の部材を300mmにカット　門型のユニットを作る　　ユニットを組み合わせる

外形作り　　　　　　　　　　　　　　　　　　編み込み

軸になる部材の選別　軸部材をつなぎ合わせ球形に　細い部材で隙間を埋めていく

壁

ペットボトルに水を入れ椅子を作成　　作成方法の検討

0　　　　　　　　　　　　　　　　　　　7日目

　スケジュールには、全体のなかで時間配分を考えるということだけでなく、あるタイミングで起こる特別な出来事

いつも、今回は完成するだろうか、という不安のもとに工程は始まる。実際、その過程ではいろいろなことが起こる。振り返ってみると、それは未踏の山に登頂し、幸いにも無事下山した登山家の記録のようである。体験そのものは、天候や体調の変動、思わぬ失敗などの偶然に翻弄されたものかもしれない。しかし、その記録には、つづいて山を登る人にとっての重要な指針が埋め込まれている。

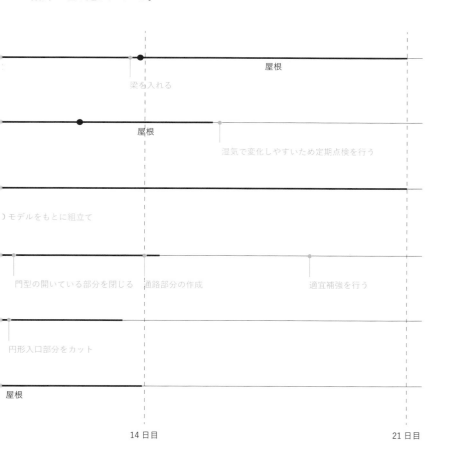

も含まれている。どこにターニングポイントがあるのかを見つけてみよう。

問題解決
Breakthrough

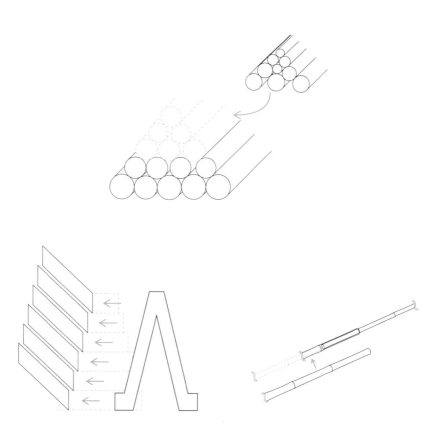

もともとの案に新しいアイデアを重ねてみる。一見するとささやかな変更に見えるかもしれない。つくる前には大

構想と制作のあいだには、いつもなんらかの齟齬がある。模型では安定していた部材端部が支持なしでは安定しなかったり、想定していた部材の長さでは運搬ができなかったり。そんなとき、部材のばらつき、不思議な弾力性など、普通はマイナスになるような素材の性質から、問題解決のタネが見つかる。それは、未開の地の人々が生き抜くために、身近なものを巧みに組み合わせる「ブリコラージュ」に似ている。

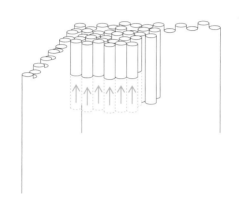

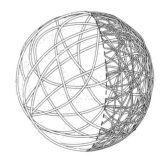

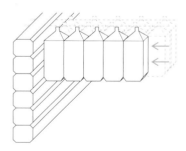

した違いにしか思えなかったディテールが、実現性の分岐点に変わる可能性もある。

16 構造 Structure

阿波野昌幸（構造家）

聞き手＝垣田研究室

素材の弱さに向き合う方法

――最初にプロジェクト全体の印象をお話いただけますか?

A（阿波野）：どれも構造的な工夫があるなと思いました。例えば部材に着目すると、「再生ダンボールの茶室」では材料がペラペラなので、下手に荷重をかけたら座屈してしまいますよね。だけど、上段の横材が下段の縦材に対して噛み込むようにして力を流しているから、材が座屈 *1 せずに鉛直力を受けることができている。

　「竹の茶室」はHPシェルと呼ばれるものですね。シェルはふつう曲面だけど、HPシェルは2方向の直線材の組み合わせだから、竹をほとんど曲げずにできている。それを手作業でつくったのには感心しました。あと「ペットボトルの茶室」は、本能的な構造的感覚で平面形状をつくってるのかなと思います。この壁をまっすぐに立てたら倒れてしまいますよね。それがわかってるから、曲線状に組んである。きれいですよね。

――「間伐材の茶室」についてはいかがでしょうか?

A：これは正直にいって、ちょっと無理しているなと思いました。丸太だから積むのが難しかったはずで、なんとかステンレスワイヤーで転ぶのを止めている。もう一つは、（屋根を支えるために）細い丸太で梁を渡してあるんですが、この梁を使

わずにシェルやアーチのようなものでできないのかって思いました。でも、居住空間としての座り心地の良さを、丸太の変化だけでつくっているのは面白いですね。

――なるほど、「間伐材」における梁と同じ問題として、「紙管」も縦材だけでできているように見えて、実は門型のフレームが仕込んであります。同じ方向に材を重ねていくだけでは、なかなか最後までたどり着けないのかもしれません。

K（垣田）：最初は一つの構成原理でやろうとするんだけど、つくっていく途中で「ちょっと無理かな」と、切り替えみたいなのが起きるんですよね。僕はそれが面白いなと思います。一つの純粋な方法だけでやろうとした最初のイメージを、なんとか崩さないように実現する方法を探していく。

A：建築家が構造設計者と設計段階でやりとりしているのと一緒ですね。それがあるからできたときの喜びがあるんですよ。

変形を想像してみよう

――（「ペットボトルの茶室」を制作した学生）「ペットボトル」では、天井をつくるとき、当初はペットボトル同士の間隔をあけて、それぞれが吊ってあるみたいなイメージで考えてたんです。でもどうしても壁の強さだけで全体をもたせることができ

「レンガはアーチになりたがっている」とルイス・カーンは言った。素材にとって一番素直な構造でつくるべきであると。そのことを、素材の生産現場を訪れたときに知らずしらずに学んでいたような気がする。そうでなければ、素材を手で触っているうちに理解したか。構造という、建築の中で最も論理的で、明快さを求められる思考が、足を運び、手で触る体験から生まれてくるということを知れただけで、愉快な気持ちになってくる。

なくて、結局天井も部材同士を接着して、それを壁にはめ込んで成立させています。天井が重みでたわんでくるのを壁で支えようと。しかし最終的には支えきれずに壊れてしまいました。

A：ものが変形するのを経験するって大事なことですよ。構造設計の世界では「鉄骨は変形で決まる」とか言われているくらいですから。

──だんだんと壁の真ん中らへんが膨らんできてしまって。

A：それが座屈ですね。壁の面外座屈。

──入り口を小さくしているので、展示中にみんな頭をぶつけてしまって、そのまわりのペットボトルが何本か抜けてしまったんです。そこからだんだんと……。

A：それは専門的にいうと、局部崩壊が全体の崩壊につながった、ということかな。

K：たしかに、構造というのは変形を想定するということですね。以前僕が設計した建築で、（スチールの）長いルーバーをつくったのですが、それがコンクリートのフラットスラブ（梁のない床）とぴったり揃ってほしかったんですね。でもルーバーは自重でたわむから、たわみ量を構造設計者に計算してもらって、あらかじめ少し上向きになるように取り付けたんです。成り立つかどうかだけでな

く、素材の性質をみながら変形を計算に入れて仕上がりまで考えると面白い。極限の構造から出てくる緊張感は感動的なものです。

──「紙管」も「ペットボトル」と考え方が似ていると思うのですが……。

K：紙管は硬くて変形がないんですよ。それに比べてペットボトルは硬いようだけど、ごくわずかにたわむから全体にそれが蓄積してしまう。屋根には材を鉛直方向に使っているので、部材同士が接している面が大きくて全体としての剛性が生まれているんだけど、それでも部材単位でみるとわずかに変形するから、それによって全体がたわんでしまったんです。構造力学でよく見るたわみの曲線図みたいに（笑）。

──ペットボトルにも強い部分と弱い部分があって、同じ向きでつなげていったら垂れ下がるようなたわみ方になってしまったんです。

A：個材の中でも剛性の高いところと低いところがあるわけですね。（構造を考えるときに）材料には強さだけでなく硬さという観点があって、強くても硬くない、みたいなものもあります。炭素繊維なんかはすごく強度があるけど柔らかい。釣り竿みたいに。今の話は、部材の中にも硬い部分と柔らかい部分があって、さらに組み方によって硬くも柔らかくもなるということですね。それによって思わぬ変形がおきてしまったと。

K:実際の設計でも、硬さには思いがいかないですよね。たわみを補正しておくとか、そのときらいで。

――変形の可能性をあらかじめイメージしておくことが大切なんですね。

K:（変形が必ずしも悪いわけではなく）ペットボトルの天井の真ん中が垂れ下がっていたのは、内部の体験として面白かったですね。組み合わせるときにあらかじめ斜めにするのではなく、まっすぐにしたつもりの部分がたわんだ結果として、「揺らぎ」が生まれたのはコンセプトにあっていたのかなと。

――「葡萄蔓の茶室」も自然と少しずつ潰れた形になっていったんですよね。そういう経過をあらかじめ取り込んだデザインもありうるんでしょうか。

K:実際の建築でやったら面白いですね。

形態と構造の強い結びつき

――さきほどの話で、開口部に脆弱な部分があって、そこから崩壊してしまったのであれば、やはりその部分になにかしら補強があったほうがよいのでしょうか。「ペットボトル」だと、壁の一部を間引いただけ、みたいな入り口ですが……。

A:やっぱり見え方も大事ですよ。構造設計者としても、不細工な補強をしてはいけないと思います。でも、その建物がある期間保とうとするときに、必要だと判断したら補強すべきでしょうし、見えるんだったらデザインすべきでしょう。

――「ペットボトル」は屋根の荷重が大き過ぎたのかなと。「竹」や「葡萄蔓」は形状によって重さがうまく全体に分散されてるイメージがあるのに対して、「ペットボトル」は重い屋根を壁で支えていました。

A:構造は重さに対する処理が基本です。昔の建築では重さをシェルやアーチでうまく流していました。でもそういう構造が組めない場合、いかにしっかりと平面を確保するかというのが問題になると思うんです。正直、僕は「ペットボトル」には不安がありました。ちょっと上向きの平面にするなど、シェルやアーチの要素を入れられなかったのかなと。「葡萄蔓」は球面だから、すーっと力が流れていたんでしょうね。

K:「葡萄蔓」が自重でお饅頭みたいに潰れたり、「再生ダンボール」が湿気を吸ってたわんだり、「ペットボトル」が変形の末に壊れたりと、変形や崩壊のプロセスは勉強になりますね。

――球面的あるいは曲面的なものと、平面的なものの違いを認識することが、デザインのヒントになるかもしれませんね。

A：学生の皆さんが実際の材料で茶室をつくろうとしたときに、自然と力の流れを感じるはずなんですよ。その流れに逆らわず、沿うような形状をつくりながら、なおかつ自分のデザインにまとめるというのが、構造としてのテーマになるんだと思います。

K：例えば、球なんてのは現代建築では難しくて、非常に無理をしてつくることになりますよね。でも葡萄蔓を球にしたら安定したというように、設計するというのは、形ありでそれに構造を合わせるのではなく、その素材に適した構造と、形のきれいさやそこでの体験が、並行していくべきなんじゃないかと思います。

A：どっちが勝つわけでもなくね。

──「竹」は最初から構造的なアイデアでしたが、「葡萄蔓」は球という形のイメージから出発しています。両方に出発点はあるのかなと。

建築のはじまりはいろんなところにある

──そういう構造的な視点で過去のいろんな建築物を参照してみるのもいいかもしれませんね。

A：HPシェルならフェリックス・キャンデラ[*2]とかですね。単なる一枚の紙でもアーチにするだけでものすごく強くなるわけですから、平面の部材も少し工夫すれば変わるはず。再生ダンボールは硬くて曲げるわけにはいかなかったかもしれないけど……。アーチの応用として平面を湾曲させたりする構造はいっぱい可能性があります。

K：外側に戻ろうとする力をうまく使ったのは「葡萄蔓」ですね。実務をやっていると、四角い建物からスタートすることになってしまうけど、本当は素材がもっている特性によって全然変わった形があるはず。「ペットボトル」だったらまっすぐでは立たないから自然と曲面になっていったように、素材の特性とか構造的な特質から出発して、今までにないような形にしたほうが逆に合理的であるとか、そういうのができたりしたら……。

A：面白いよね。その素材を見つめてみて、「こうしたらきっと面白い構造になるんじゃないか」と。

K：ルイス・カーン[*3]が「煉瓦がアーチになりたがっている」と言っていて、素材が本来もっている一番素直なあり方に立ち返ることで本質的な建築ができることを問うています。またミース・ファン・デル・ローエは「二個の煉瓦を注意深く置くときに、建築が始まる」と。二つあればどういう関係で配置するかを考えることになりますからね。

──形に対して構造的に美しくできたものはそれはそれで面白いですし。自分の形が成り立たないときに構造的にどう解決したかという観点も必要ですね。

A：デザインや形が勝ってもダメだし、構造が勝ってもダメ。お互いの融和が必要なんでしょう。

──このプロジェクトでいえば、規模が大きくないからこそできることもありますよね。地面にがっちり固定しなくてもいいから、自由に考えられる。

A：そんなに構造を考えなくてもできるからこそ、どれもうまく収められているんでしょうね。それと何がいいって、工場の人とか、材料を提供してくれる人たちとのコミュニケーションね。これがすごく大事なことです。

K：ミースは石を使うときに、必ず石切場まで行ったらしいですね。「石がこの大きさだから天井高をこれの2倍にしよう」とか。

A：そういうところから建築まで発想を及ぼせるといいですね。

合理性がすべてではない

──あらためて「紙管の茶室」についてはいかがですか？

A：はっきり言って材の寄せ集めですね。その寄せ集め方で空間に変化をもたせている。天井部分も同じ方法で、短い紙管をつなぎ合わせたところにちょっと不自然に梁を入れていると。でも、こ

れはこれで面白いと思います。どちらかというと、構造的な強度よりも、空間的な変化を狙ってつくろうとしていましたよね。それと紙管を全部床まで下ろすのではなく、押し上げて足元から光を採り入れるとか。

K：3000本もあって紙管だけでも重いはずなんですけど、浮遊感は出ていましたね。

──このプロジェクトは結構非合理な方向に進んでしまう可能性もあるんじゃないでしょうか。「紙管」にはそれがよく表れているなと。

A：非合理性のなかに面白みを感じたらやってもいいと思いますよ。ただ気になるのは梁ですね。なしで成立させられなかったのかな。

K：構造的にはなくても成立するみたいです。施工上、接着した紙管をいくつかのユニットにして上に持ちあげるときに支えが必要だったと。

──それなら最後に外してしまってもよかったわけですね。でもそれを残したというのは、案外ポイントの一つかもしれません。

A：なるほど。でもパイプは軸力材に使うべきです。梁に使うのは耐力的に非効率で、H型に比べて損しています。埃も積もるし、不自然に感じますね。

直感的にイメージをつかむ

——学生だと普通は座屈について考えないんじゃないかと思います。「再生ダンボール」が座屈に対してうまく考えられてるというお話がありましたが、必ずしも意図どおりではないのかも……。

A：まあ自然と考えているのかもしれませんけどね。でも学生の設計演習での案を見ていつも思うのは、座屈をあまり考えていません。どんなに高強度の鉄を使ってもプロポーション次第で座屈は起こります。「細い柱がいい」って言う学生が多いけれども、無理なものは無理。

K：パリのポンピドゥー・センター*4 だと、細いスチールを外観のデザインとして見せていますが、あれは張力だからできる表現ですよね。

A：そうですね。たしかに引張材だったら鉄は強度を100%発揮できる。柱のような圧縮材では座屈で決まります。

——引張なのか、圧縮なのかを意識するということですね。圧縮ならプロポーションが重要になってくると。

K：つい目指す方向が同じになってしまうんですよね。「細ければ細いほどいい」とかもそうで、ちょっと考え方を変えてみたほうがいい。

——「竹」や「葡萄蔓」では部材の圧縮は起きていないんでしょうか。

A：竹は点でくくってあって格子になっているから、個材が全然座屈しないんですよ。結果として全体が面として捉えられる。だから強いんです。

K：なるほど。編んであることで、線でありながら面なんですね。

A：最初の鉄骨橋として知られているアイアンブリッジなんかも、細い部材でできているけども、よく見るとそれに対して直交方向に小さな部材がつながっていて、座屈を止めていますね。

——細長い材を分節しているわけですね。そういう視点では、「再生ダンボール」でも、一つひとつの材が細長くなりすぎないように組まれています。

A：ちょうど圧縮がかかる部分に横からのダンボールが噛み込んでますね。

K：各段が内側にセットバックしながら重なっていくけれども、上下で噛み合って一番強いところに力がかかっているから、上から下まで流れている。もし力がかかる場所がズレていると弱い面に力がかかってしまう。構造的に合理的なんです。たまたまかもしれませんけど。

A：本能的に理解してやっているんでしょう。

K:僕もいろんな構造設計者と仕事をさせてもら
っていますが、優秀な方は直感的ですね。

A:直感が鋭くないと相手にしてもらえないんです
よ(笑)。

——最後に、コンペの段階で「これは建つのか
な?」と思ったものはありますか。

A:「どうつくるのかな」と思ったことあります。で
も、きっとできるだろうと。僕は構造設計者が余
計にアドバイスをしないほうがいいと思ってるん
ですよ。まずはやってみたいことをやって、つくり
ながら「まずい」と思ったら、修正していけばいい
んですから。

K:現実の建築でも、横浜の大さん橋フェリーター
ミナル[5]はもともと折板構造で、鉄板を曲げてつ
くるという案でした。でも実際はコストや施工上
難しくて、鉄骨に板を貼っているみたいです。名
建築でも最初に考えていたものから構造的に変
えて成立しているものもありますね。

(2022年7月12日 垣田研究室にて)

○注釈

＊1 座屈……靭性のある薄い材や細長い材が一定
値を超える圧縮力を受けた場合に急に生じるたわみ。

＊2 フェリックス・キャンデラ……メキシコの構造家で
あり建築家。HPシェルをはじめとする実験的な構造の
建築作品で知られる。

＊3 ルイス・カーン……アメリカの建築家。幾何学的な
意匠と構造が統合された精神性の高い建築で知られる。
作品に連続アーチが特徴的な「キンベル美術館」
や、全面にレンガを用いた「インド経営大学」がある。

＊4 ポンピドゥー・センター……パリにある近代美術館
や図書館を中心とする複合施設。配管や構造的要素
を露出させたインダストリアルな意匠で当初は物議を
醸した。設計はレンゾ・ピアノ＋リチャード・ロジャース。

＊5 大さん橋フェリーターミナル……横浜にある国際
旅客船ターミナル。アプローチから屋外デッキ、内部空
間までが折板によってシームレスに連続する空間構
成が特徴。設計者は国際コンペで選ばれたアレハンド
ロ・ザエラ・ポロ＋ファッシド・ムサヴィ。

ディテールがつくる現象
Phenomena Created through Details

現象は驚きに満ちている。だからつくって終わりにしてはいけない。観察
して別の場所で再現するのもいい。分析して言葉にしておくのもいい。
写真におさめて表現に昇華させるのもいい。つくったものの細部とそれ
をとりまく構造、現れた出来事の関係性を発見しよう。

17 開口部
Opening

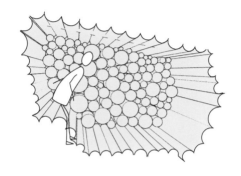

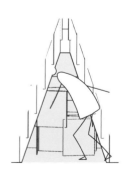

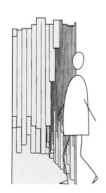

まる、ギザギザ、V字。開口部の形は大きくて捉えづらい建築の顔となる。ただ実際に計画するときには表層だ

中に入ってみたくなる形というものがあって、動物的な本能が刺激される。その一方で、レンガ造の建築のように、ひとつの材料だけでつくられた開口部には、空間全体の構成原理が集約されている。動物的感覚と、建築的知性に語りかけてくる楽しさ。ル・コルビュジエの建築がもつ、「野人的感覚と知性」に少しは近づけるだろうか。

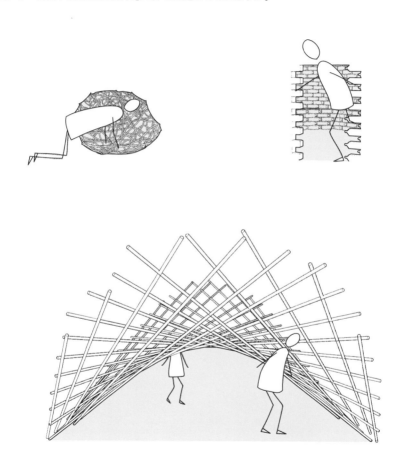

けでなく小口にも着目してほしい。奥行き、素材感、ディテールがそこに凝縮されるからだ。

同じ材料どうしをひたすらグルーガンで接着していく。それだけで入口も内部空間も、場所ごとの表情の違いもできていく。

A 主要な材の長さは2m　B グルーガンで接着　C 上下のズラしで柔らかいシルエットをつくる
D 縦材だけでできた開口部　E 天井や開口部に使う材は短く3等分に工場でプレカット

8 接合
Joining

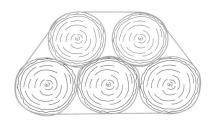

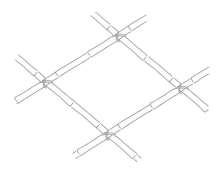

接合部は大きな建築において細い線や小さな点でしかない。しかしそれを目立たせることも、馴染ませて隠すこ

ほとんどの場合、組み立ては単一の素材では解決しない。だから、接合は知恵の絞りどころとなる。当然かもしれないが、複雑で高い精度や手間を必要とする接合方法は、すぐ頓挫する。考えて、試してを繰り返し、最適な方法が見出される。結束バンドやグルーガンは驚くほど安価で流通しているが、そうした汎用的な接合材料もまた、構想と実践の膨大な繰り返しの末に生まれた技術なのだ。

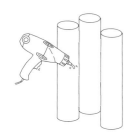

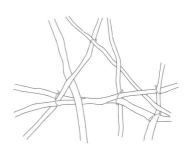

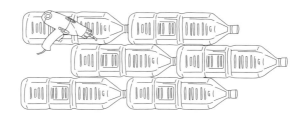

ともできる。その小さなデザインに意図がはっきりと表れるはずだ。

19 透過性
Transparency

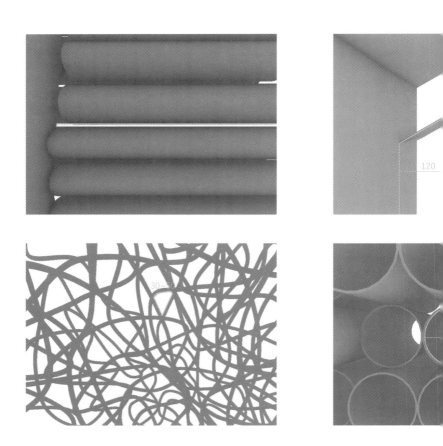

組み上がった構造体をズームアップして観察すると、材と材のあいだにさまざまなパターンの隙間があることが

ビアトリス・コロミーナは、近代建築と、写真や映画の共通性を指摘している。窓で風景を切り取り、シークエンスでそれを編集してつくられる体験。しかし、風景を切り取るような開口部がなく、内部を動き回れない小空間でそれに代わるのは、素材の小さな隙間や透過性である。編集された画像にあふれた時代にあって、素材や構造の論理から生まれた偶発的な重なりや干渉には、自然の中での原初的体験につながる豊かさがある。

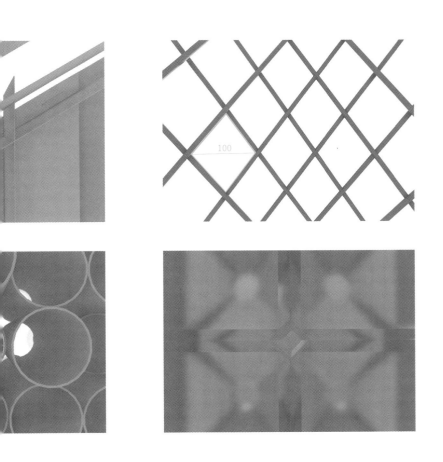

わかる。これらが生み出す表情は、形態や空間構成以上にその建築を印象づけることもある。

20 光
Light

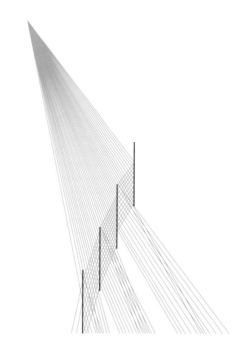

光の道筋を丁寧に描けば、高度なツールはなくても簡易なシュミレーションは可能だろう。問題は精度ではなく、

光は集中し、拡散し、干渉し、見たことのない風景を生み出す。ある空間で、落ちてくる光を手ですくおうとする人を見たことがある。そのとき、自分も子供の頃、木漏れ陽を手ですくおうとした記憶とそのときの不思議な感覚が一瞬でよみがえった。ジャン・ヌーヴェルは、21世紀の建築のテーマは「素材と光」であると言っている。文化の多様性をリスペクトした現代の建築に必要なのは、子供の頃に体験したセンス・オブ・ワンダーなのかもしれない。

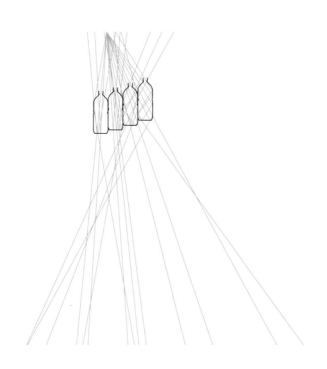

そこにどんな意図を込めるかだ。線の束から現象をイメージしてみよう。

2 | 陰影
Shadow

床に落ちた印象的な陰影をCGで再現してみると現実とはかなり違ってみえる。設定条件が適切でないのかも

陰影のつくりだすパターンは、用いた素材の構造的な組み立てを物語り、その秩序を反映する。だが一方で、なぜこうなるのか、いくら考えてもわからないような不思議さが残る部分もある。かつてローマのパンテオンを訪れたとき、ドームの頂点に穿たれた正円の穴から夏の光が差し込み、床に光の楕円をつくっていた。しかしそれだけではなく、その光はさらに反射して壁のレリーフにあたり、不思議な陰影を描いていた。

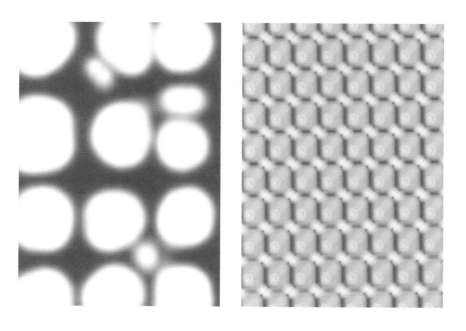

しれない。影をつくり出す要因は複合的だが、それゆえに魅力的なものになる。

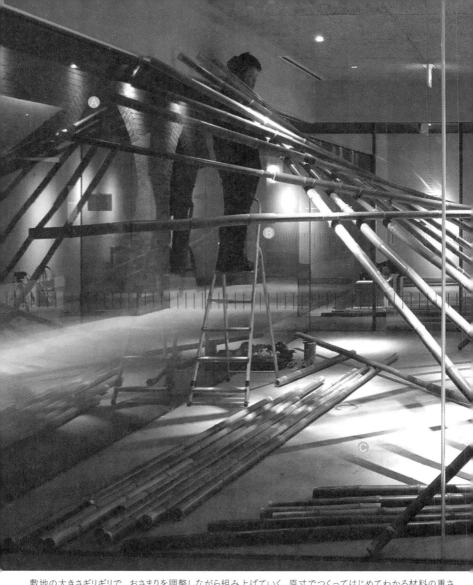

敷地の大きさギリギリで、おさまりを調整しながら組み上げていく。原寸でつくってはじめてわかる材料の重さ、空間の広がり、体験や現象の面白さがある。

A ガラス面ギリギリまで材が迫る　B 二本の竹を継いで長い材に　C 組み上がるにつれて浮かび上がる影
D 針金による結び目　E 長さを測り、おさまりを現場で確認

22 たわみ
Deflection

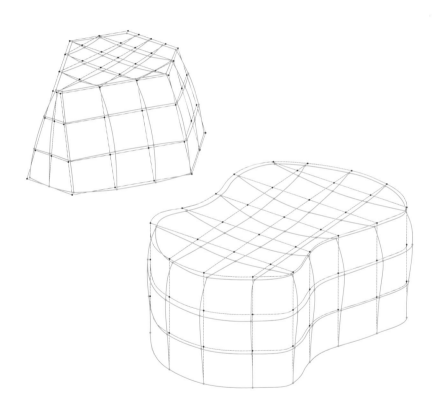

点と線の集合体でかたちを定義してみると、変形を想像しやすい。点の動きにしたがって、線は曲がるが伸び

変形したり壊れたりすることは、建築では避けなければならない。しかし、その論理を留保してみるとどうだろう。構造力学で学んだ通りにたわむこともあれば、湿気によって部材が軟化し、想像しなかった変形をつくりだす場合もある。茅葺の民家の屋根がもつ曲線美は、屋根材が雪の重みで圧縮され、わずかに変形することを見越したバランスにも見える。そんな素材の時間的変化すらも、新しい建築の手がかりになりえる。

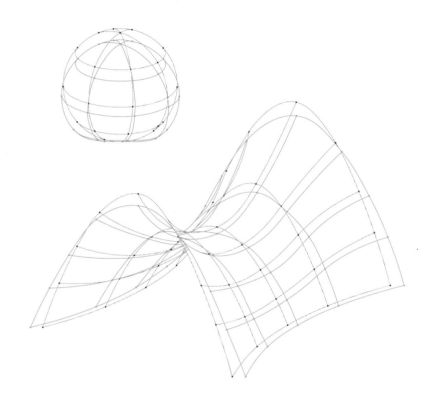

縮みはしない。すべてが生き物のように連動している。

23 佇まい
Figure

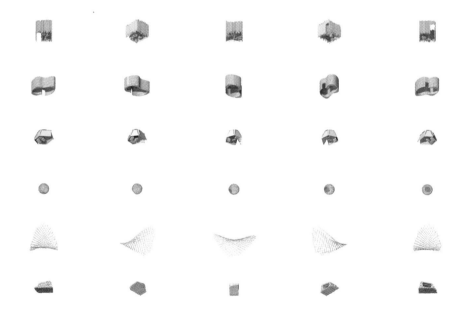

ぎゅっと小さくするだけでも、細かい部分が見えなくなって抽象的なイメージに還元できる。逆に大きくしたり、ひ

形がもつ面白さや愛らしさ。小さな子供は、同じおもちゃを何度も飽きず手で触り、向きを変えて眺め、その遊びからなにかを学びとる。「反復が微細なズレを生み、その差異が新しいものの創造につながる」（ジル・ドゥルーズ）。素直な感覚で眺めているうちに、HPシェルの構造体が、まるで蝶が自由に羽ばたいているかのように見えてくる。そういえば、ドゥルーズは「生の哲学」と呼ばれているのだった。

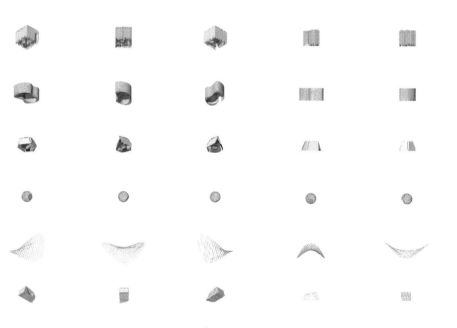

っくり返せば、本当の姿を再発見できるかもしれない。論理だけでなく、遊び心をもって建築をとらえよう。

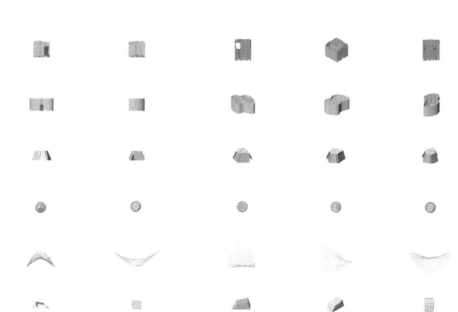

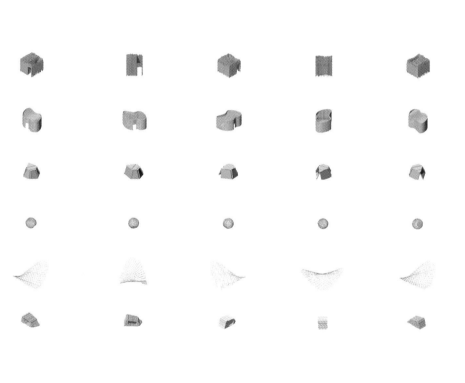

24 写真 Photography

ディスカッション

母倉知樹（写真家）

聞き手＝垣田研究室

対話による対比

——まずこのプロジェクトの印象をお伺いできますか?

H（母倉）：最初の年は「間伐材の茶室」でしたよね。大きくて、素材感がすごく出ていました。実際の建築ではここまで素材感は強調されていません。迫力がありましたね。

——「間伐材」の時はどんな撮影でしたか?

H：最初は、どうしてもその作品の置かれてるギャラリーの空間を含めて考えてしまいました。

K（垣田）：たしかに（翌年以降の写真と比べて）一番まわりの空間が写っていますね。

H：展示されている空間のほうに意識が引っ張られてしまって。回を重ねるごとに、場所は同じなので、どうしようかなと……。

——実際に見たときの印象を写真に落とし込んでいくのですか?　それとも客観的な視点をもたせようとされているのですか?

H：僕の場合は前者です。思ったことをどう表現するかを第一に考えて、第二に建築家がどう思っているかを噛み砕いて、それを含めて撮ります。

——「建築家の思いを聞く」というのは、具体的にはどのようなことですか?

H：建築家の思いはどうしても測れないので、僕が見た印象との差異がどのくらいあるかを聞いて、違うところがあれば、もう少し噛み砕いて聞きます。「じゃあこういうカットも撮っておこうか」と。

——建築家に聞いた内容を反映したカットと、ご自分の意図で撮ったものでは、はっきりと違うものですか?

H：混ざっています。だからこそ打ち合わせは重視していますね。撮るときももちろん大事ですけど、選択するときもです。建築家の思いに対して、僕はこう思っているという、その対比のなかで、「こっちがいいよね」と。

小さな被写体に向かって

——小さな作品を撮るのは普段の建築の撮影とは違いますか?

H：大きさだけの違いですね。建築が縮小しているイメージ。ただ素材感の表現は必要になります。

——どうやって素材感を表現するのですか?

H：素材のもってる良さを出すということですね。

写真家・土門拳は「鳳凰堂が目くるめく速さで走っているのに気がついた」と言っている。たしかに、建築写真の撮影に立ち会って感じるのは、自然光の変化、それに呼応して刻々と変わる建築の表情である。写真は一瞬の判断で撮影される。その点で、時間をかけてつくられる建築とは対極的といえるだろう。だからこそ写真には、建築が予想を超えた使われ方をされているのを見たときのような、他者に委ねられ、再発見されて得られる驚きがある。

「葡萄蔓の茶室」だったら影が強く出たり、「ペットボトルの茶室」だったら光が拡散したりしている。そういうものを撮ろうと。

——小さな建築の場合、被写体との距離が近くなりますよね。

H：離れるとパースが補正されるので、形としては綺麗です。でも迫力とか伸びやかさは近くで撮っているほうが出ます。この現場ではこれ以上引けないっていうのもあるんですけど、引けない状況で全体を入れようと思うとパースの強い写真になる。僕はその迫力を面白さとして捉えてます。

——広角レンズ*1で撮ると、実際の印象とズレていきますよね。

H：ふつうの建築ではないので、写真としては伸びやかさがあっても面白いのかなと。どちらかといえば、インテリアの写真のような感じです。

——インテリアを撮る場合と、建築を撮る場合で、モードチェンジみたいなことはあるのですか？

H：建築では空間に違和感が少ないほうが好まれますが、インテリアでは派手というか、ギュンと伸びてる線がかっこいいと捉える方が多いので、そういう意識はあります。

まずは観察からはじめる

——建築を写真で表そうとするときに、写真ならではの表現はどういう部分にあると思われますか？

H：（「紙管の茶室」の写真を見ながら）この写真（p.110の左）でいうと光の漏れ方が綺麗だと思うんですけども、それをそのときの印象で捉えていくっていう感じですね。現象的なことをより強く意識して撮るということでしょうか。

K：たしかに発見的ですよね。想定外のことを定着させるという側面が強いのかな。

——さきほど、撮る前にまず建築家とお話をされるという話もありましたが、ほかに撮影の前にどんな準備をされますか？

H：僕は直感的なので、まず撮れるところは全部歩きます。そうすると「こういうのが撮れそうだ」と思いつきますね。（掴んだイメージに対して）もっとその良さを高めるにはどうするべきかを考えます。「人が入ったほうがいい」「ライトがもうちょっとこっちに当たっているほうがいい」とか。

——その段階から実際にカメラを置いて構図を決定していくときに、さらにいろんな調整をしていくと。

H：いざカメラを構えると「思ったより画角に入らない」とか、「なんかよくない」というのはあるので、もう少しこっちにしようかと。あとは縦と横の構図があったとして、どっちがいいかなとか。

──縦位置か横位置かは、建築写真では重要な要素かもしれません。

H：そうですね。写真って好みが非常に大きいので、建築家でも縦が好きな方もいるし、横が好きな方もいる。だから話を聞きます。

──建築を撮るときに、要素の方向性みたいなのがおのずと出てくると思うんですが、例えば紙管だと材が縦に走ってるから縦の写真が多くなる、みたいなことはありますか？

H：方向性よりプロポーションによるところが大きいですね。

K：紙管は内部のアプローチが細くて隙間みたいですよね。そういう構成だから縦が多いのかな。

H：横位置だと紙管の横面しか入りませんよね。縦位置で切り口を出すほうが面白いし、そこから光が漏れてるのがいい。このときはその光の印象を表現するために、人を入れて、光を覗いていただいて、「この光はなんで落ちてきているのかな？」というのを表現しようとしています。

K：この展示空間は光源が複数あって、干渉が複雑ですね。

H：でもポツポツとダウンライトがあったのがよかったんじゃないですかね。光源が真ん中にはなくて、きれいに端に寄ってあるじゃないですか。計算されたライティングのような印象があります。ちょっとずらしたり、動かしたりするだけでも変わると思います。

画角におさめる要素へのまなざし

──ペットボトルの撮影の時に「キャップのところが出てるのが面白い」とおっしゃられていました。

H：小口のことですよね(p.117)。それを入れないほうがすっきりするとは思うんですけど、ガタガタの形が面白いなと思って。

K：僕が建築写真を選ぶときは、近景・中景・遠景でそれぞれ見えてくるような要素が一つの写真で表現されてるものを選ぶことが多いんです。小さい空間でも、近くで見える表情と全体のうねりの感じが、一つの写真に多面的に出ている。そういうのがいい写真なのかなと。

──人が座って本を読んでいたり、光が入ってくるところを覗いている、みたいな場面を撮るときは建築にストーリー性を見つけているのですか？

H：なにもしゃべらない、なにも手に持っていない状態でただ座ってるのは、ちょっと違和感がありますからね。アクションがほしいというか、なるべく自然の状況に近づけたいんです。

K：建築模型の点景と同じですね。

――一つの特徴に着目して撮るのか、それとも、いくつかの特徴を一つの写真にまとめているのですか？

H：建築の特徴を捉えるのはカメラマンにとって重要な要素です。でも僕はそればかりではなく、空間として大きく捉えようとしています。写真表現としての良さと、空間としての見せ方をどう組み合わせていくか。写真はきれいだけど建築としてはよくわからない、みたいな写真はどうかと思う。ただ空間ばっかり普通にまっすぐ撮っていても、面白くないんです。

K：(建築を見るときに)空間の面白さもあるし、ディテールのかっこよさも、光と影の表情もあるけど、全体のストーリーが見えるとか、ここからは構成がわかりやすいといったように、非常に複合した観点があります。写真もそれらを複合的な面から捉えてますよね。

H：そう、バランスですね。だから建築自体の良さを感じとって、それがどうすれば表現されるのかを考えます。

――写真を撮るときに、どうしたら自分がよいと思うところだけを撮ることができますか？

H：自分がほしいと思ってるものを書き出して考えないといけないのかもしれない。実際に撮ってみて、どういうことが表現されていないのか、どうすればそれが表現されるかを考えれば、もっと良くなるんじゃないかな。

調整の作法

――写真を全体的に明るくとか、暗くするというイメージがあったりするんでしょうか？

H：全体としては撮影後の調整になるんですけど、印象的なシルエットになるように暗めにしたり、逆に素材をしっかり写し込んだりと、意図によって露出(明るさ)の調整はありますね。

――影の入り方も意識されているのですか？

H：もちろん意識しています。印象的な影は強調したい。(p.108の「竹」の写真の地面の影を見ながら)これなんか床をすごく多く入れています。

K：この影がグリッドみたいに見えるんですよね。

H：そうですね。だから(影がもっと入ったほうがいいとか)調整を撮るときにしています。逆に「紙

管」だと上ばっかり。僕らのカメラってシフトレンズ*²で画面の中での上下のバランスを変えられるんですね。それで、上だな、下だな、と。

——そもそも視点が低めのものが多いのかなと。

H：そうですね。全体的に人の目線より少し低めのフォルムなので、ローアングルが多い。対象物の大きさに依存してますね。

K：建築写真って基本的にアイレベルより低かったりするんですか？

H：そんなことはないです。ローアングルにすると上のほうが強調されるので、上になにか見せたいものがあるとか、そうしないと下が写らないとか、条件があったらするんじゃないかな。

——では、このプロジェクトの場合は自ずとローアングルになっていったんだと。

H：そうですね。(p.111の「紙管」の写真を見て)これだとローアングルで撮りながら、下にシフトしてますね。地面に落ちる影が印象的なので、下部の隙間と浮いている感じを出したいからローアングルにするけど、地面のパースは緩くなるからそれをシフトで強調してるって感じですね。

H：(「紙管」の写真を見ながら)これなら、例えば左側を切って、抜けを見せないという手もありま

す。そうすると壁がどこまで続いているかわからなくなって、その中に切り込みが入る、みたいなイメージになる。それがどっちがいいか、みたいな感じで考えます。(別のアングルの写真で)こっちでも、柱の左右を切って抜けをなくすのと、空いてるのとでは写真の印象が違います。

K：母倉さんの写真って、一つの画面、絵として見たときに、グラフィカルな美しさがありますよね。あと比率をかなり意識されてる写真なのかなと。

H：僕は35mmフィルムの3：2の比率を一応は守りたいという意識があって、どうしてもその中で構図を考えます。

K：建築家からすると、もらった写真をそのまま使うことは少ないですね。パネルにレイアウトするときにはトリミングしたり。

H：一応カメラマン側としてはトリミングできないものとして仕上げてます(笑)。わざと空けていたり、わざと詰めていたり。「トリミングしづらいですね」って言われると嬉しいです。

K：いいかたちでトリミングされてないと、その写真をぱっと見たときにいいと思いませんもんね。

H：そうですね。なので、「撮りっぱなしのデータをください」って言われても、僕は出さないです。やっぱり現場で完璧に撮るのはなかなか難しい。

少し逃げがないと。あとで調整して完璧なのを見せたいんです。

素材感を表現するために

——素材感を出すのって、自分だと「近くで撮る」みたいなことしか思いつかないんです。

H：それが一番わかりやすい素材感であるとは思うんですが、寄るだけだとディテールになってしまうので、光の当たり方を気にしながら撮ると出るんじゃないかな。

K：微妙な表面の凹凸感が変わりますもんね。

H：あと紙管でいえば、素材の中が空洞だとわかるようにするっていうのが大きいと思います。

——小口を入れていなかったら、中が詰まったものに見えてしまいますもんね。透過性のあるなしも関係してくるのでしょうか？

H：めちゃくちゃ関係あると思いますね。やっぱり表情が出る、出ないがある。そういう意味では「ペットボトル」は撮りやすかったんじゃないかな。ほどよくディフューズ（拡散）されていて。なんか柔らかくて見えていて、撮りやすいなと。

——「再生ダンボール」の写真で一つだけ見下ろ

しのカット（p.104）がありましたね。歩き回ってるときの印象を撮るのとは違う視点なのかなと。

H：これも歩いているときに「上から見たら表情が出るかな」と思って撮ってますよ。隙間が上からしか見えなかったので。

——抜けに着目したということですか？

H：どこに表情が出ているのか、ですね。もし閉まっていたら撮らないと思うんです。

——なるほど、ペットボトルの小口に着目したのと同じですね。ダンボールで小口の細かい断面にフォーカスしても仕方がないから、この場合は構造の隙間に着目されたんですね。

H：そうです。素材そのものというより組まれてる形の要素として。アイレベルでは重なって見えているものに対して、上から見ることで抜け感が生じるので、それがいいなと。

写真家としてのスタンス

H：最近思うのは年々明るい写真が求められるようになっています。「もう少し明るくなりませんか？」って。でも10年前ぐらい前の案件を見直してみたら、自分でさえ「暗いな」と思いました（笑）。

──流行があるんですか?

H:フラットでベターッとした写真が雑誌とかには
よく載ってますね。

K:母倉さんの写真ってちょっとSFチックというか、未来空間な感じですよね。

H:それは垣田さんの建築がそうだから(笑)。

──でも色の印象とかはあるのかなと。コントラストを強く出されていますよね。

H:まあそうですね、僕はあまりフラットな写真が好きではないので……でも建築写真の場合は建物の印象が9割で、あと1割を写真でどう引き上げられるかです。

──フラットにすると素材感はわかりづらくなるんでしょうか?

H:フラットなほうが明るいので、素材そのものはわかりやすいと思いますけど、それが印象的なのかどうかが違います。

K:フラットの反対は影が濃いということですね。『エル・クロッキー』*3の写真は空が曇天なんですよ。真っ青な空だと影が濃いけど、曇りだとそこまではっきりじゃないから、テクスチャがよく見えるんです。物のありようを見せる写真なのかな。

H:それも素材感がわかりやすい表現と言えるかもしれないですね。

(2022年7月5日、近畿大学垣田研究室にて)

○注釈

*1 広角……画角が広いこと。一般的には標準レンズの画角である35mm以下は広角だが、建築写真では20mm以下の超広角がよく用いられる。対義語は望遠。

*2 シフトレンズ……シフトは写真技法の一つ。カメラの撮像面に対して、本来正対(中心軸が同一かつ面が平行)しているレンズ面を意図的に上下に平行移動させることで、得られる像を操作する。建築写真においては、アイレベルより高い部分にパースを効かせることなしに画角におさめる方法として多用される。レンズ面を傾けて焦点距離を操作する技法「ティルト」とあわせて「あおり」とも呼ばれ、その専用レンズが存在する。

*3 エル・クロッキー(El Croquis)……スペインの建築専門誌。国内外を問わず世界的に活躍する建築家を特集した大判のモノグラフ。掲載写真を日本人写真家の鈴木久雄がてがける。

建築のセンス・オブ・ワンダー
Architectural Sense of Wonder

垣田博之

　大学2年生の化学実験演習で、そのとき私は、化学工学科で学んで
いたのだが、試験管にスポイトで液体を入れて振って混ぜた。鮮やかな
紫の液体に、別の液体を数滴混ぜると、一瞬で全体が鮮やかな黄色に
変化した。その新鮮な美しさと不思議さへの驚き。それをセンス・オブ・ワ
ンダーと呼ぶことは後で知ったのだが、私はその驚きをだれかと共有し
ないではいられなくなり、隣で同じ実験をしている同級生に、「これ、すご
いな」と、興奮して言った。そのとき同級生は、「なにを言ってるの?」とい
うような、馬鹿にしたような呆れた顔をした。その色の美しさや不思議さ
は、注目すべきことではなく、物質の量を正確に入れることや、その過程
を適切に実験ノートに記録することが、演習では求められている。その
点で、たしかに、私の驚きや感動は的外れということになる。彼の表情か
ら、すぐ状況を理解し、実験を続けたのだが、この出来事は私に大きな
印象を残した。結果、私は、科学的、工学的な仕事より、人の体験に根差
す価値をもつ、ものづくりの仕事、建築設計に将来の目標を変えて、3回
生から転学科し、建築を学んで今に至っている。

ものづくりのまちと建築

　大学で教えるようになり、1年生の授業、「建築概論」で、建築とは「人
が活動したり、休息したりする空間をつくり出すこと」である、ということか
ら説明を始めるようにしている。さらに、architectureの語源は、ギリシャ
語のアルケー(根源的な)と、テクトン(工匠の技術)を組み合わせた、「根
源的な工匠の技術」であると続ける。そして、建築は制作された作品では
なく、ものづくりの過程であることを強調する。
　だから、演習授業や研究室の指導では、素材や表現を工夫した建築

模型の製作を重視していて、その指導の過程でこちらが学ばされることも多い。しかし、「空間をつくり出す」ことを大学の教育の中で実現することは、当然かもしれないが難しい。大学での建築教育は、本来の建築を学ぶことができない状況になっているともいえる。自分が設計し、実現した空間を体験することは、驚きと発見に満ちている。その体験から、ものづくりの過程全体へのフィードバックも得られるだろう。

　近畿大学建築学部の立地する東大阪市は、ものづくりのまちとして知られている。それもハイテク大企業ではなく、数多くの中小企業の、どちらかといえば手づくり的な技術が息づく。ル・コルビュジエの生まれたスイスのラ・ショードフォンも、手づくりの時計産業のまちであった。彼自身が時計の装飾技術を学んだほど、ものづくりの空気を吸って育った人間であったといえるだろう。皮肉なことに日本のクウォーツ時計の市場席捲によって、その後、スイスの手づくり時計の産業は衰退するのだが。

　石材のまち、アーヘン出身のミース・ファン・デル・ローエもまた、工匠の精神にあふれた土地で石工の息子として生まれ育ったがゆえに、素材や建築の本質を自然に体得した人であった。近代建築の二人の巨匠だけでなく、現代の建築家、ノーマン・フォスターも、産業革命の発祥地、マンチェスター生まれであることを誇りにしているらしい。東大阪市に立地することで、ものづくりの精神を感じながら建築を学ぶことの意味、それを実際に「空間をつくり出す」ことにつなげられないかとの考えから、このプロジェクトは始まった。

生産地での体験

　東大阪市、さらに、その近隣地域まで範囲を広げると、広がりのある素材生産が行われているはずであるという予想は、大阪府能勢町にヒノキ間伐材を求めて訪ねた最初の年で、すでに想定の範囲を超えていた。私は大阪市に住んでいるのだが、大阪で林業が行われていることを知る大阪府民がどれほどいるだろうか。また、その間伐は、林業従事者ではなく、仕事を定年でリタイアされた、森林ボランティアの方々が、日本の森林を保全、維持するために行なっていることにも驚かされた。

　「間伐材は、細いから素材としての利用が難しく、有効利用の方法が模索されている」という一般的な説明からは、間伐材の実態はわからない。間伐材を見て、触り、運ぶことで、直径20cm以上もある実際の太さや、重さを知ることができる。子供が自然の中で遊ぶことで得られる学びの、複雑さや深さは、ほかに代えがたいものであるというが、間伐材の重さ、手触りや湿り気、さらに、ヒノキ林に満ちる鼻を抜ける木の香りや木漏れ陽などは、大人になった私や学生たちにとっても印象的で、新鮮な発見に満ちていた。

　東大阪市の隣の柏原市では、葡萄栽培と、明治時代からワインの醸造が行われていて、歴史と風格のあるワイナリーがある。そこで生産されたワインは、G20大阪サミットでの晩餐にも供されたという。東大阪地域では、古来から綿化の栽培が盛んで、それを用いた河内木綿は江戸時代から知られ、現在でも木綿糸を巻く芯としての紙管製造企業が多くある。こうした歴史と文化、その複雑で豊かな連関など、知らなかったことばかりであった。それを理解することは、日本のどのような街にも、さまざまな産業の歴史とつながりがあり、なによりも現在もそれを受け継いで、ものづくりを行なっている企業や人々がいるということへの想像力を羽

ばたかせた。

　そのような空間的、感覚的体験と得られた知識以上に、建築学生たち
にとって深い学びとなったのは、能勢のヒノキ林での、祖父と孫くらいの
年齢差があるボランティアの方々との対話であり、私たちとの打ち合わせ
中にもスタッフがワインの味を確認にくるほど、出来栄えに妥協のないワ
イナリー経営者の姿勢を目の当たりにしたことであった。それら、生産に
関わる人々とのやりとりからは、ものづくりへの真摯な向き合い方を学ぶ
ことができ、若い学生たちに向けて語られた未来に向けての課題も心に
残るものだった。

　それぞれの素材の特性、生産上の工夫など、工匠ならではの多岐に
わたる知恵、経験に基づく心遣いや情熱を直接聞けたことは、その後の
制作に大きなヒントをもたらした。

つくる過程での学び

　建築は作品ではなく、ものづくりの過程であると述べたが、実際の制作
においては、いろいろな問題に直面し、それをその都度解決しながら進
めることになる。その中で、その解決なしには制作が不可能な問題や、下
手をすると設計コンセプトそのものが崩れるというような問題に、毎回ぶ
つかった。最初の「間伐材の茶室」で、屋根の支持が、材を並行に積むと
いう全体に共通の組み方だけでは難しいとわかったとき、学生たちと相
談し、他の部材と直行する方向に、隠すように梁を入れるという方法を採
用したことは、最も印象深い問題解決のひとつである。「紙管の茶室」で
も、すべての紙管を縦向きに接着していくという原則は、屋根部分でうま
くいかなかった。そこで、横向きに渡す梁に屋根を構成する短い部材を

固定することでユニットをつくり、それを壁を構成する材に乗せ、見えない
ところで金属ボルトで固定するという方法をとっている。

　実務の建築設計においても、構造や納まりの課題に対して、全体のコン
セプトを壊さないやり方で、当初のアイデアから飛躍した方法を見つ
け出さなければならないときがある。後で考えると、その判断は妥当で、
それなしにはうまくできなかったと思える。しかし、切羽詰まっていても、
思考の柔軟性と自由度がある状態、あるいは、関わっている人どうしが、
フラットにアイデアを交換できる状態でなければ、そのような解決策は生
まれない。

　ハイデッガーがヘルダーリンの詩句から引用する「だが、危機におい
て、救いとなるものもまた育つ」(『技術とは何だろうか』)という言葉の通
り、問題への直面と、その解決こそ建築の醍醐味であり、最も多くを学べ
る局面である。そう考えると、つくるということはいくつもの危機と、その乗
り越え、そしてその間にある地道な作業の連続なのではないだろうか。

図鑑を見る楽しさ

　つくる過程そのものが建築であるとすると、その結果として完成した作
品を見れば、建築の全体がわかると思われるかもしれない。しかし、もの
づくりの現場は、ミースが「建築は精神の真の戦場である」と言ったよう
に、戦場のようなものであり、その過程は当事者ですら十分に理解するこ
とは難しい。

　だからこそ、建築作品が完成した後、そのプロセス、すなわち敷地の分
析から模型でのスタディ、建築現場の写真、完成写真、設計主旨、竣工
図面までをプロジェクト・ブックにまとめることは、過程を客観化し、コンセ

プトを再編集するのに適した方法である。今まで私は、自分が設計した建築作品を本にまとめてきた。とくに建築現場の写真には、普通は忘れ去られてしまう、さまざまな調整やそれに伴う葛藤の痕跡、ものづくりの現場の生々しい迫力が表れる。

　本書は、6つのプロジェクトを、そのプロセスも含めて並列的に分析した点で、プロジェクト・ブックの要素をもちながら、それを超えた普遍的な建築の可能性を示すことを目指している。学生設計コンペティションに始まるこのプロジェクトは、建築以前から建築以後までのプロセスを含んだものであり、素材の生産地への訪問から、解体と素材の再生まで、ものづくりの街の大学での、小さなセルフビルドであるがゆえの広がりをもつ。その過程における学びを、24の切り口で分析し、図や表にまとめることで、6つのプロジェクトそれぞれの混沌とした数々の試行錯誤は、整理された登山記録のようになった。

　さらに本書は、魚類や鳥類のように、長い年月の中でさまざまに進化した結果として個性や多様性をもった生物群が、整然とレイアウトされた図鑑のようでもある。図鑑を見ることには、世界の多様さや美しさに宿る生き生きした感覚を、絵の並びの中に見出す楽しさがある。この新たな「建築図鑑」が、見る人に思いがけないセンス・オブ・ワンダーを引き起こすことを期待している。

コンペティションと制作の記録
Archives of the Competition and Production

このプロジェクトは、大学内のカリキュラムとは別に、学生個人またはグループが参加するコンペティション形式で実施されている。テーマの選定・審査は教員らが行うが、案の選定以降のすべてのプロセスには学生が主体となって参加している。

プロセス　Process

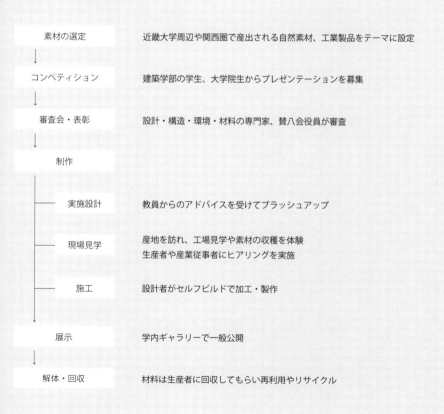

| 素材の選定 | 近畿大学周辺や関西圏で産出される自然素材、工業製品をテーマに設定 |

| コンペティション | 建築学部の学生、大学院生からプレゼンテーションを募集 |

| 審査会・表彰 | 設計・構造・環境・材料の専門家、賛八会役員が審査 |

| 制作 | |

| 実施設計 | 教員からのアドバイスを受けてブラッシュアップ |

| 現場見学 | 産地を訪れ、工場見学や素材の収穫を体験
生産者や産業従事者にヒアリングを実施 |

| 施工 | 設計者がセルフビルドで加工・製作 |

| 展示 | 学内ギャラリーで一般公開 |

| 解体・回収 | 材料は生産者に回収してもらい再利用やリサイクル |

要項　Requirements

千利休がつくりだした「茶室」という建築の形式は、世界でも類を見ない最小限の空間でできた人と人、人と自然の対話の場である。ここでは、茶室を、実際にお茶を点てる場ではなく、対話のための最小限空間と考え、千利休のような自由な発想で設計してほしい。1等案は、実際に近畿大学内のギャラリーに建築する。サスティナビリティに貢献する、人と人、人と環境の対話の空間の、新しい可能性が提示されることを期待している。空間体験の豊かさだけでなく、実際に製作し、一定期間設置することを前提とした、製作可能性や、設置時の安全性も考慮した設計が望まれる。

計画条件：
近畿大学建築学部1階ギャラリーに計画する。（面積：28m、天井高3.25m）

提出物：
＜A1縦使い1枚＞
提案コンセプト、設計趣旨、平面図・断面図（縮尺は自由）。その他パースやドローイング、模型写真等で設計内容をグラフィカルに表現すること。応募者を特定できる内容を記入しないこと。

各賞：
最優秀賞　1作品
優秀賞　3〜5作品
特別賞（贄八会賞）　1〜2作品
佳作　数点

応募資格：
提出時に近畿大学建築学部または、大学院総合理工学研究科に在籍していること（複数人で応募する場合も全員が有資格者であること）。

製作：
最優秀案は、2月の後期試験終了後に、建築学部1階ギャラリーで実際に製作する。

実施記録　Schedule

年度	テーマ	応募締切	展示期間	応募数
2015	間伐材	2015年11月27日	2016年2月20日〜3月20日	57
2016	再生ダンボール	2016年11月18日	2017年3月2日〜3月15日	49
2017	竹	2017年12月8日	2018年3月15日〜3月20日	38
2018	紙管	2018年1月8日	2019年3月19日〜4月15日	11
2019	葡萄蔓	2019年12月4日	2020年3月6日〜3月14日	14
2020	※新型コロナ禍により実施せず			
2021	ペットボトル	2021年12月20日	2022年3月15日〜7月11日	10
2022	竹箒	2022年12月28日	2023年3月23日〜7月18日	14

審査委員　Judges

審査委員長（建築学部長）：岩前 篤（2015-2021）、阿波野昌幸（2022-）
審査委員：松本 明、坂本 昭（2015-2017）、戸田潤也、松岡 聡、堀口 徹（2016-）、山田宮土理（2017-2019）、高岡伸一（2018-）、宮原克昇（2018-）、寺川政司（2021-）、阿波野昌幸（2018-2021）、岩前 篤（2022-）、垣田博之（以上、建築学部教員）、賛八会役員4名
事務局：垣田博之、山田宮土理（2017-2019）

※（ ）内は担当年度、特記なき場合は全期間を担当

間伐材の茶室　Thinned timber

間伐材を素朴に積み上げることで空間を
つくっている。山で切り出したばかりの、乾
燥も製材もされていない材を2m程度にカ
ットして使用。樹径やねじれといった個体
差を踏まえ、一つ一つかみ合わせを考え
ながら積み上げた。互いにワイヤーを巻き
つけることで材と材を固定。天井部分のみ
構造材として梁を架け、生木に包まれるよ
うな内部空間を実現した。匂いや手触りと
いった五感で味わう素材感が内部を満た
すとともに、佇まいとしては山の風景を思
わせる建築となった。

設計・制作	松村 望、吉田晏南、鄭 将吾、丹田千晴、松村萌香
制作協力	三條隆滉、泉 ひかり、流川大樹、九十九康太、吉川昇日、山口大輝、杉井 光、永田大樹、芹生昴之、野田翔平、森下啓太郎、野村凌佑、津田紗希、森野太喜、近藤太郎
材料	ヒノキ間伐材 L=2m 90本、L=0.5m 70本
補助材料	ステンレスワイヤー
産地	大阪府能勢町
協力	有限会社アルブル、国崎クリーンセンター啓発施設、NPO法人日本森林ボランティア協会

間伐材は人工樹林を育成する過程で生じるが、材木としては小さいため有効に利用されていない。間伐材を利用することは、日本の森林環境の保全につながる。コンクリートとガラスの空間の中に、間伐材を利用した現代の「市中の山居」(都会にいながらにして山里の風情を味わうこと)を設計してもらう。

[実施案]

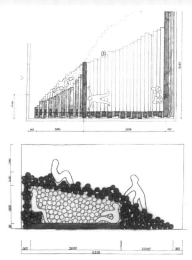

[現場見学]

[制作風景]

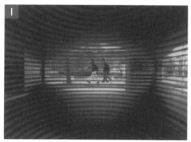

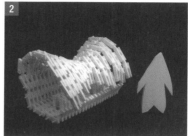

1
透かして積層した木板から直径1.8mの球体を
くり抜いてできる精神的な空間。入口はなく二分
割の構造自体が開閉する仕組み。

野田翔平

2
500×120×60に小さく加工した部材のみを用
い、レンガの透かし積みのような曲面的構造体を
つくるシステムとその展開の提案。

梅谷龍馬

5
かつお節のように薄く削った木片を貼り合わせ
てつくったカーテン。木肌が揺らめく繊細なインス
タレーション。

松浦 遼、森下啓太朗

6
10、20、40mm角の材を組み合わせ、透過性の
異なるさまざまな三角形フレームを作成。ギザギ
ザの構造体で空間を分割する。

小谷勇太

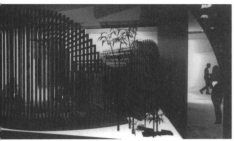

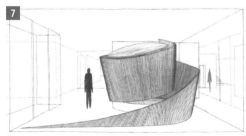

3

壁や天井を同じピッチのルーバーのみで構成。
生き物のような形態が人を誘導し、空間をゆるや
かに仕切る役割を果たす。

山本裕輝

4

森をイメージし、たくさんの丸棒を天井から吊る
す案。材が頭上すれすれまで迫る下で、人は屈
みながら自分の居場所を探す。

大倉有沙子、水野英之、竹田桂子、軽部春希
石生啓悟、田中秀知、木村真也、村瀬俊輝、宗内
龍弥

7

簾のように繊細なルーバーによって、人の視線を
遮りながら空間をおおらかに包み込む渦巻き状
の構造体。

向瀬琢治

8

細かいグリッド上に様々な高さの角柱を立て、そ
の粗密や高さの変化によってつくるグラデーショ
ナルな場のデザイン。

島袋竜次

2016
再生ダンボール　Recycled cardboard

短冊状に切り出した板材を噛み合わせ、ピラミッド状に積み上げた茶室。噛み合わせが材の薄さによる面座屈を防ぎ、構造としての強度を担保。またその段違いの隙間からは材の白い面に反射した光が内外にぼんやりと滲み、白さのなかにも明暗のコントラストを生んでいる。入り口に用いられたV字型の材は、端部の脆弱性を補いながら、デザインのアクセントとして建築の「顔」に。内部の家具も同じ材、仕組みでつくられており、統一感のある美しい空間となった。

設計・制作	中野照正
制作協力	坪内友香、戸田成美、上妻みのり、木村真奈、岡本あかね、小林奈那子、西脇大翔
材料	ミルダン（M30A）t =5.5mm 450×2500　50枚 900×2500　4枚
産地	大阪府柏原市
協力	大和板紙株式会社、丸一興業株式会社bolda事業部

牛乳パックなどの製造過程で生じる真っ白な紙の端材からつくられる「ミルダン」は、一般のダンボールより強度が高く、表面だけでなく芯材まで白いという特徴をもつ。茶室に障子や設えなど紙が用いられてきた伝統を踏まえつつ、構造や空間構成に紙の可能性を生かしてほしい。

[実施案]

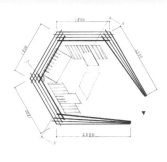

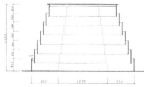

[現場見学]

[制作風景]

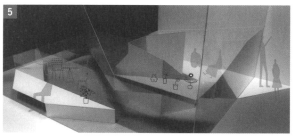

1
細長く短冊状に切り出した材をワイヤーで吊るす。ぼんやりとしたとしたシルエットをもつ、揺らぎのある空間。

森 史行、田中俊行

2
ポップアップカードの仕組みを使い、素材に切り込みを入れるだけで、段差や壁の変化をつくり出す。

林 直喜、坂本大樹、新田達生、九十九康太

5
素材に筋を入れて折り曲げてつくる多面体のようなフレーム。人の居場所とともに、互いが見え隠れするような関係性をつくる。

上中美紀

6
切り欠いた材同士の噛み合わせによってつくる球状の移動茶室。材の隙間から光を採り入れつつ、置かれた場所の風景を楽しめる。

坪内友香

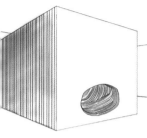

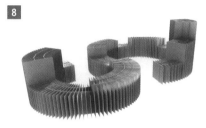

3
四角いダンボールから不規則な穴を切り抜き、それらを重ねて洞窟のようなヴォイドをつくる。材の隙間からぼんやりと光がにじむ。

鄭 将吾、松村萌香、高藤友穂

4
天地に設けた円形のレールに切り出した材をはめ込む。人はレール上でそれらをスライドさせ自分に居心地のよい場所をつくる。

井上麗愛、松村 望、矢野望来、栢野晴子

7
400mmピッチのグリッドに高さの異なる箱を配置し、立体的なたまり場をつくる。それぞれが居場所を見つけ、好きな姿勢で過ごす。

流川大樹

8
S字状の立体家具。一体でありながらも高さに変化があり、座る位置によって人と人の関係が異なる。

高柳賢太郎

2017
竹　Bamboo

　HPシェルの構造体。竹を曲げずに直線材として使用しながらも、2方向で編み合わせることで有機的な曲面を形成している。シンプルなつくり方でありながら、十分な強度をもち、のびやかな形態は見る角度によって表情を変える。搬入可能な3mの材を継いで長く使い、敷地いっぱいに広がる大きさを実現。一方で、中央部分は自然と屈むような高さに抑え、人の居場所をつくっている。地面に直接座らせる、入り口をおおらかに設けるなど、茶室のあたらしい形式を提示している。

設計・制作	城間俊一、田中俊行
制作協力	葛川卓磨
材料	竹（真竹または青丸竹） Φ=50-80mm　L=3m　100本
補助材料	ステンレスワイヤー
産地	滋賀県近江八幡市
協力	有限会社竹松

竹は、環境にやさしい素材として近年注目されている。茶室や数寄屋建築の仕上材、塀など、日本建築を構成する素材としても使われてきた。一方で耐久性に劣るという欠点もあり、構造材としては使われてこなかった。そこで今回は構造や空間構成に竹の可能性を生かしてほしい。

[実施案]

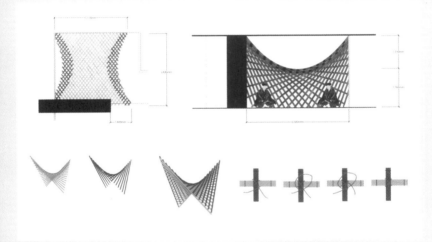

[現場見学]

[制作風景]

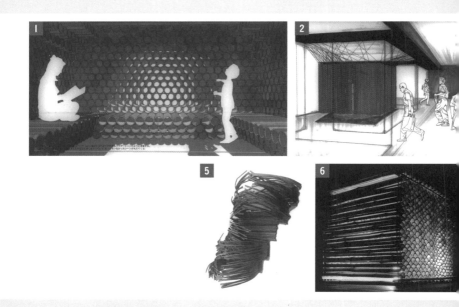

1
短く切った竹をレンガのように積み上げてつくる構造体。座る位置によって円筒の中や材同士の隙間からの視界が変化する。

松尾 篤、小森悠偉、尾石 光、坂田雄志

2
楽器としての竹に着目。吊るされた竹に触れると、ワイヤーを伝って材同士が共振し、あちこちで音を鳴らす仕掛け。

大出健斗

5
細い材を立てならべてつくる竹の道。地面にも竹を敷き詰め、歩くと床と壁が連動して自然とゆらぐ仕掛けになっている。

新田達生、古川拓実、井之村菜緒、山本みなみ

6
半円を積み重ねた波のような和柄（青海波）を、割った竹を用いた壁面で再現。隙間から漏れる光の情緒。

葛川卓磨

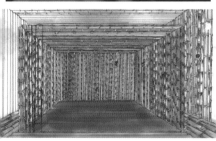

3
葉を地面に敷き詰めたり、割った幹で曲面の間垣をつくるなど、竹の柔らかさを味わう空間を構想した。

小森悠偉

4
竹穂をイメージした空間。地面から立ち上げた竹をしなやかに曲げ、上部で互いを編み合わせることで、人を柔らかく包みこむ。

土井康永

7
節の美しさを表現するため、裂いた竹で壁面を構成。表面だけでなく裏面（内面）もまざまざと見せ、節の存在感を強調する。

岡 紗衣

8
細く裂いた竹を用いておおらかに編んだカゴのような構造体。明確な入り口はなく、隙間をくぐるように入る。

甲斐遥也、浅岡宏紀

2018
紙管　Paper tubes

大量の紙管を寄せ集めてつくる量感のある茶室。2種類の長さの材を、基本となる壁面には2m、天井や開口部にはその1/3の材と使い分けている。隣り合う材同士を上下にずらしながら接着することで、柔らかいシルエットをつくると同時に、地面とのあいだに隙間を設け、全体の重量感に対して浮遊しているような印象をもたらす。光は紙管の中を通ることで切り取られ、入射角によって形の異なる欠けた月のような影を地面に落とす。スリムな内部空間は人の意識を光に向かわせる。

設計・制作	寺田 晃
材料	紙管　Φ=50mm　L=2m
	1000本（うち500本は3分割にプレカット）
補助材料	ホットメルト、ステンレスボルト
産地	大阪府柏原市
協力	大和板紙株式会社
	大三興業株式会社

紙管は建築家・坂茂によって建築に使われるようになった。強度があり、軽くて安全、運搬や組み立てが容易かつ安価であるという特性を生かし、その試みは多様なかたちに展開している。紙菅を茶室の空間を構成する材料としてその可能性を追求することで、坂氏の試みとは異なる新しい空間を生み出せるであろう。

[実施案]

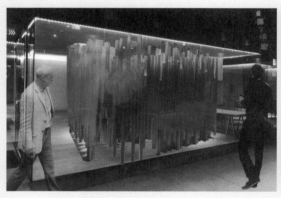

[現場見学]　　　　　　　　　　[制作風景]

[入選案]

1
輪切りにした紙管でつくるカーテン。一つひとつ
の材は自由に回転できるように吊るされ、人が触
り、かき分けるたびに揺れる。

郡 拓郎、秋葉 涼

2
山なりの茶室。材の端部は斜めにカットされ、そ
のつらなりで曲面を構成。内部は高さが抑えら
れ、従来の茶室のような落ち着きをもつ。

葛城侑馬

5
短く切った材をランダムに接合してつくるドーム
状の空間。地面には木漏れ陽のような影ができる。

並川 樹

6
奥行き25cmの不整形なユニットを10個つくり、
その配置や組み合わせによって使い方のヴァリ
エーションを提案している。

石川悠斗

3
径の異なる3種の紙管でつくる円形の壁。人は足元からくぐるように内部に入り、水平に穿たれたスリッドから外部を垣間見る。

高木優太

4
折りたたみ式の樽状茶室。紙管を支柱に用い、ヒンジを設けて屈折させる仕組み。さまざまなモードで使える。周囲は和紙で柔らかく包まれる。

松田寛太、荒井亮平

7
流木が滞留したようなイメージで材をランダムに組み上げている。

和田雄喜

2019
葡萄蔓　Grapevines

葡萄蔓を編み込んでつくる毬のような茶室。蔓を結んでリングをつくり、そのリングをずらしながら編み合わせていくことで球体を形成。小さな入口をのぞいては、空間全体が地面を含めてぐるりと一つの素材で包み込まれる。ほどよい粗密によって内外は隔てられ、小さな隙間から入る光が印象的な影の模様をつくる。材のしなやかさゆえに、製作後は次第に潰れていったが、球の幾何学的な強さが抑えられ、自然な佇まいが生まれた。

設計・制作	新家成基、守屋貴陽
材料	葡萄蔓　ラフに積んで7㎡程度
補助材料	結束バンド（黒）
産地	大阪府柏原市
協力	カタシモワインフード株式会社
	株式会社明石緑化
	森岡正行（大和板紙株式会社）

葡萄蔓は、葡萄の収穫後、焼却処分されるため、その有効利用の方法が模索されている。柔軟性と靱性をもち、リースや籠の材料として一部が使用されてきた。まっすぐではない素材は空間を構成する素材としては異色だが、野性味と迫力のある空間を構成できる可能性を秘めている。

[実施案]

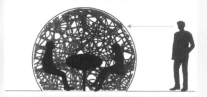

[現場見学]

[制作風景]

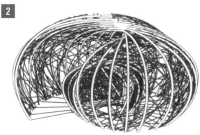

1

蔓を線材として使用。織物のように編むことで面材としてユニット化。それらをミルフィーユのように層状に積み重ね、空間を包み込む。

川本健介、前田翔生、野田美桜、上野結子、
田中 聡

2

渦のような形態。大小のドームが入れ子になった構造で、互いを支え合いながら一体化。構造には蔓を束ねたものを使う。

岡田匠平

5

束にした蔓を用いてつくる連続アーチ構造。構造的な合理性をもとに、端部に向かってせりあがる形態となっている。

葛川卓磨

6

50cmのグリッドからなる直方体のフレームから、球をヴォイドとしてくり抜いてつくる空間。

近藤 駿、王 天億

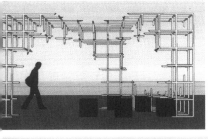

3

蔓の繊細さに着目。細い材をジャングルジムのように組み上げることで、見る角度によって表情を変える霧のような風景をつくる。

山本知佳、牛窪航平、南村勇志

4

泡のような大小のリングを寄せ集めてつくる球体。転がして移動させることができる。中には大きなリングをくぐって入れる。

アノーク・マリー・セシル・アルベルテリ

7

葡萄の房のようなイメージをもとに、入り口から奥に向かって膨らみ、くねり、粗から密へと変化する構造体を提案。

西川友実子、日吉湧暉

ペットボトル　Plastic bottles

ペットボトルの透明感による揺らぎを表現
した空間。構造としては壁と天井を分けて
いる。壁は材を横に使い組積造のように
積み上げ、なめらかな曲面を構成すること
で自立させる。一方、天井には材を縦に使
って寄せ集め、その厚みによって剛性をも
たせている。一つひとつの材はディフュー
ザーのような役割を果たし、光を拡散。光
をまとったような構造体が生まれた。内部
の腰掛け部分にのみ水を入れることで、座
っても潰れないような耐久性をもたせなが
ら、重石としての機能も与えている。

設計・制作	縄間和人
材料	ペットボトル　2L　3000個
補助材料	水、ホットメルト
産地	宮崎県宮崎市
リサイクル	大阪府摂津市
協力	コカ・コーラボトラーズジャパン 株式会社 株式会社近大アシスト

ペットボトルは、透明で、容器としての形態をもち、強度と効率の良い運搬に欠かせない軽さを極限までバランスさせて設計されている。工業生産されたユニットを組み上げていくには、構造的なアイデアも必要であり、ディテールのアイデアと全体の構想を行きつ戻りつして考える必要もある。

[実施案]

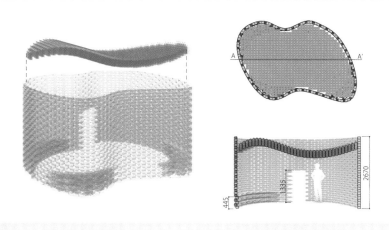

[制作風景]

[解体風景]

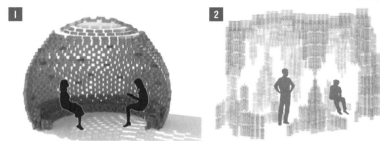

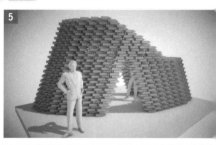

1
材を積み上げてつくるドーム。足元やところどころに水を入れた材をかませ、変化を出している。

高橋 結

2
呑み口が窄まっているペットボトルの形状に着目。鍾乳洞をイメージし、天地から石が隆起したような空間を構想した。

谷本俊英

5
蛹室をイメージし、土を詰めたペットボトルでつくる構造体。上部ほど充填率が低くなり、透過率の変化で空間に開放感をもたらす。

角岡紗衣、赤尾千尋、吉田雅大

6
木材で組んだフレームからペットボトルを吊るし、カーテンで囲まれた空間をつくる。

東別府吉之助

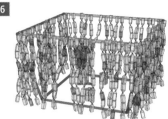
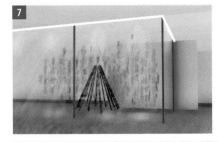

3
切り開いたペットボトルをパッチワークのようにつなぎ合わせてつくるカーテン。重なり方をさまざまにすることで、豊かな表情をもたせている。

上田望海

4
呑み口を突き刺すことで縦横の材同士を接合。ロの字がつらなる透かし積みによって全体を構成する純粋な建築。

中山愛花

7
雨と傘をイメージしたインスタレーション。人工的なイメージをもつペットボトルを自然現象を想起させるように用いるアイデア。

藤田智也

この本をつくるプロセスとして、学生が過去につくった模型を製紙工場に持ち込み、リサイクルされる過程を見学した。この工場でつくられた再生紙が本書の表紙にも使われている。

A 再生を待つ山積み紙管　B 学生たちが持ち込んだ模型を分別　C ベルトコンベアに投下された模型
D 運ばれた原料は奥にあるミキサーに投下され、ドロドロに溶かされて製紙される

[引用・参考文献]

1. ミシェル・フーコー『言葉と物─人文科学の考古学』(渡辺一民・佐々木明 訳)新潮社、1974
2. アンリ・ベルクソン『創造的進化』(真方敬道 訳)岩波文庫、1979
3. ディビッド・スペース『ミース・ファン・デル・ローエ』(平野哲行 訳)鹿島出版会、1988
4. バーナード・ルドフスキー『建築家なしの建築』(渡辺武信 訳)鹿島出版会、1984
5. ルイス・カーン『ルイス・カーン建築論集』(前田忠直 訳)鹿島出版会、2008
6. ビアトリス・コロミーナ『マスメディアとしての近代建築
    ─アドルフ・ロースとル・コルビュジエ』(松畑強 訳)鹿島出版会、1996
7. ジル・ドゥルーズ『差異と反復』(財津理 訳)河出書房新社、1992
8. マルティン・ハイデガー『技術とは何だろうか 三つの講演』(森一郎 編・訳)講談社学術文庫、2019
9. 土門拳『土門拳 古寺を訪ねて 京・洛北から宇治へ』小学館文庫、2001

コメント　Comments

岩前 篤（近畿大学副学長）

この本は、日本で初めて創出された近畿大学建築学部から、新たな試みのご紹介です。単純には学生向けの設計コンペですが、稀有な特徴がいくつかあります。まず、このコンペは西会長はじめ、建築学科卒業生の皆さんの後輩に対する熱い思いで成り立っていること。茶室の素材を環境に配慮したもの、あるいは環境配慮を自然に意識させるものとしていること、また、最優秀に選ばれた作品は、提案した学生さん達によって実際に作成されることなどです。応募資格は建築学科、大学院の学生であることだけなので、1年生はじめ全学年から自由に、かつおおらかな提案が寄せられることも私は気に入っています。例年、出来上がった茶室の中でほっこりしながら、みなさんの想いを感じています。ご指導していただいている垣田先生、素材を提供していただいた各社の皆様に改めて感謝申し上げます。

阿波野昌幸（近畿大学建築学部長）

茶室プロジェクトは、コンペ段階で学生が逞しい創造力で制作をイメージしながら様々なアイデアを提案することにひとつの意義があります。その後、選ばれた学生は、材料・素材の生産者を直接訪れることに始まり、あるコンセプトのもと「ものづくり」として実空間を創り出す過程で、まさにセルフビルドの体験で、試行錯誤しながら、ある意味、感覚的に問題・課題を解決しています。実現するために構造的な解決も必要となり、また、構造的な弱点にも気付いています。これらの実体験は、建築の設計を目指す学生には極めて有意義な経験となるでしょう。さて、本書は6つの茶室プロジェクトを実に見事に分析しまとめ上げられています。本コンペの企画運営を先導し、本書の執筆に携われた垣田博之氏に敬意を表します。

西 邦弘 贄八会（近畿大学建築学部同窓会卒業生部会）会長

建築学部と贄八会が建築学科設立50周年記念事業を共催したことを契機に、本会から建築学部学生さんへの寄付行為の一環で、学生支援を目的にはじめた共催事業であります。コロナ禍で中止の年もありましたが、8回目を迎え本会からは最優秀賞、優秀賞、特別賞（贄八会賞）を提供しています。作品づくりに必要なコンペの材料（サスティナビリティ素材）を無償で提供できる会社等を本学で選定・対応されています。応募状況は素材によって作品数が変化するものの、学生からは素材の特性を見極め、構造的にも成立するように入念に工夫をなされた力作を提出されており、応募作品を毎回拝見するのが楽しみです。このような学生さんがグループでより主体的に参画できるような事業を、これからも建築学部の先生方と共に携わって参りたく思っています。

謝辞　Acknowledgments

再生材料の茶室プロジェクト(近畿大学建築学部設計コンペティション)は、2015年より近畿大学建築学部とその同窓会卒業生部会である賛八会の共催によって実施され、2023年までに7作品が実現しました。材料調達や現場視察において東大阪を中心とする関西圏の地域・企業の方々に多大なご支援、ご協力をいただきました。ここに関係者の皆様に感謝の意を表します。(敬称略)

有限会社アルブル　米地徳行
国崎クリーンセンター啓発施設　鈴木榮一
NPO法人日本森林ボランティア協会　山本 博
大和板紙株式会社　増田充弘　森岡正行
大三興業株式会社　林 和弘
丸一興業株式会社 bolda 事業部　大山崇寛
有限会社竹松　田邊松司
カタシモワインフード株式会社　高井利洋
株式会社明石緑化　明石勝幸
コカ・コーラボトラーズジャパン株式会社　稲川晶子
株式会社近大アシスト　長谷 洋

賛八会(近畿大学建築学部同窓会卒業生部会)
西 邦弘
細川純一
小栗祥弘
植木秀典
伊藤大輔
大地泰彦

近畿大学建築学部
岩前 篤
寺川政司
安藤尚一
松本 明
松岡 聡
戸田潤也
高岡伸一
堀口 徹
宮原克昇

垣田博之　Hiroyuki Kakita

建築家、近畿大学建築学部准教授。京都大学工学部化学工学科を経て、建築学科に転科し、卒業（卒業設計賞受賞）。パリ、ラ・ヴィレット建築学校（文部省給費交換留学生）を経て、京都大学大学院修士課程終了（川崎清・竹山聖研究室）。竹中工務店設計部勤務ののち現職。垣田博之建築設計事務所主宰。「UTSUROI TSUCHIYA ANNEX」でグッドデザイン賞、AACA賞・優秀賞、日本建築設計学会賞、大阪建築コンクール大阪府知事賞。日本建築学会作品選集（2001・04・08・09・24）。著書に『名建築のデザインに学ぶ製図の基礎』（学芸出版社）がある。

山田宮土理　Midori Yamada

早稲田大学理工学術院准教授、博士（工学）。専門は建築構法・材料。早稲田大学理工学部建築学科卒業、同大学修士課程、博士後期課程 修了、同大学建築学科助手、近畿大学建築学部助教・講師を経て、現職。伝統土壁構法の力学特性に関する研究で博士学位を取得。その後日本各地の土を使った土着建築の調査や、植物材料の活用に関する研究などに取り組んでいる。住宅「あざみ野の土」（建築設計：Eureka）で土の構法提案・施工を行う。日本建築学会大会材料施工委員会 若手優秀発表受賞、SDレビュー入選、日本建築仕上学会論文奨励賞受賞。

阿波野昌幸　Masayuki Awano

構造家、近畿大学建築学部教授、学部長。大阪大学大学院卒業後、日建設計入社。30年間、超高層ビル、免震構造建物など様々な建築物の構造設計に従事。プレストレストコンクリート（PC）に関する研究にて博士（工学）取得。主な設計作品：中之島フェスティバルタワー、本町ガーデンシティ、新ダイビル、ダイビル本館、阿南市庁舎、新住友病院、USJホテル京阪、神戸国際会館、大阪市中央体育館など。受賞歴：日本免震構造協会賞・作品賞、日本コンクリート工学協会賞・作品賞、日本PC技術協会賞・作品賞、FIP AWARD、日本PC技術協会賞・論文賞。

母倉知樹　Tomoki Hahakura

写真家。村井修氏に師事。株式会社ナカサアンドパートナーズ、松村写真事務所を経て、独立。「母倉写真事務所」として建築の写真撮影を主に活動中。本書掲載の作品写真（p.97-120, 130, 134, 138, 142, 146, 150）を担当。

素材との対話

― セルフビルドの茶室から描く24の補助線

A Dialogue with Materials
―24 Perspectives on Architecture Derived from Self-built Tea Rooms

2024年2月10日　初版第1刷発行

企画：近畿大学建築学部＋賛八会
編著：垣田博之＋垣田研究室

編集チーム（垣田研究室、番号は担当したテーマ）：
岡庭巧樹(10・17・20)、佐野玄斗(02・06・22)、陶 孟越(11・12・19)、野澤昇吾(07・13・14)
縄間和人(01・15)、前田将志(05・09・23)、谷 金(03・18・21)

協力（製作者・卒業生）：
松村 望、吉田晏南、鄭 将吾、丹田千晴、松村萌香（間伐材）
中野照正（再生ダンボール）
城間俊一、田中俊行（竹）
寺田 晃（紙管）
新家成基、守屋貴陽（葡萄蔓）
縄間和人（ペットボトル）

翻訳：ジョイス・ラム
デザイン：有村菜月
編集：西尾圭悟

印刷・製本：シナノ印刷株式会社

発行人：馬場栄一
発行所：株式会社建築資料研究社
〒171-0014
東京都豊島区池袋2-38-1-3F
Tel. 03-3986-3239　Fax. 03-3987-3256
https://www.kskpub.com/

その材料をつくっている人と会って「期待しているよ」とか
言われてしまうと、やるしかない。

再生ダンボール

入口は元々小さくしようと思っていて、
最初は1mくらいだったんですけど、
月日が経つごとにグチャッと潰れていって……
最終的には這って入るぐらいに。

葡萄蔓

木もまっすぐじゃないし、
真ん丸でもないので、積みやすい向きがある。
見ないとわからない。

間伐材

麻縄で結ぶか、ワイヤーか試行錯誤していたのですが、
竹の艶やかさとマッチしていて、ワイヤーでよかったなと。

竹

家具も同じ理屈で組み立てられています。

竹

もの性と透明性の中間のような
どっちかわからないような感じがあって面白いなと。

ペットボトル

実は天井は4つくらいのユニットにわかれていて、
それを門型の柱と梁にまとわりつかせています。

紙管

内部の感じがそのまま外に出てこざるをえないじゃないですか、素材が一つなので。

再生ダンボール

茶室という建築の形式は外に対して開いていないんだけど、
時間の経過で光が動いていくみたいな……
環境とのある種の交信ということなのかなと。